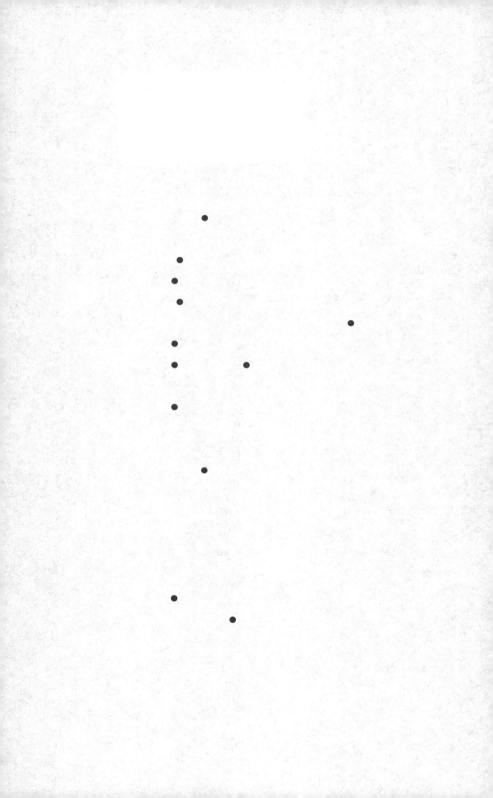

잔혹함에 대하여

Thinking in Action: On Evil by Adam Morton

Authorized translation from the English language edition published by Routledge,
a member of the Taylor & Francis Group.

This Korean edition was published by Dolbegae Publishers in 2015 by arrangement
with Taylor & Francis Group through KCC(Korea Copyright Center Inc.), Seoul.

이 책은 (주)한국저작권센터(KCC)를 통해 저작권자와 독점 계약한 돌베개 출판사에서 출간되었습니다.
저작권법에 의해 한국 내에서 보호를 받는 저작물이므로 무단 전재와 복제를 금합니다

철학자의 돌 2

잔혹함에 대하여
— 악에 대한 성찰

애덤 모턴 지음
변진경 옮김

2015년 8월 3일 초판 1쇄 발행
2022년 3월 31일 초판 8쇄 발행

펴낸이 한철희 | 펴낸곳 돌베개 | 등록 1979년 8월 25일 제406-2003-000018호
주소 (10881) 경기도 파주시 회동길 77-20 (문발동)
전화 (031) 955-5020 | 팩스 (031) 955-5050
홈페이지 www.dolbegae.co.kr | 전자우편 book@dolbegae.co.kr
블로그 blog.naver.com/imdol79 | 트위터 @Dolbegae79

책임편집 김진구
표지디자인 김동신 | 본문디자인 김동신·이은정
마케팅 심찬식·고운성·조원형 | 제작·관리 윤국중·이수민
인쇄·제본 상지사 P&B

ISBN 978-89-7199-684-3 04100   978-89-7199-636-2   세트

이 도서의 국립중앙도서관 출판시도서목록(CIP)은 서지정보유통지원시스템(http://seoji.
nl.go.kr)과 국가자료공동목록시스템(http://www.nl.go.kr/kolisent)에서 이용하실 수 있습
니다.(CIP제어번호: CIP2015018724)

책값은 뒤표지에 있습니다.

잔혹함에 대하여

악에 대한 성찰

애덤 모턴 지음 / 변진경 옮김

철학자의 돌 2

돌베
개

우리는 처음으로 우리의 언어로는 이런 모욕, 이 같은
인간의 몰락을 표현할 수 없다는 것을 깨달았다.

/ 프리모 레비, 『이것이 인간인가』
(1959, 한국어판: 이현경 옮김, 돌베개, 2007)

오늘날 가장 큰 악은 디킨스가 즐겨 묘사하던 추악한
'죄악의 소굴'에서 행해지지 않는다. 강제수용소나
강제노동수용소에서 실행되는 것도 아니다. 그러한
곳에서는 악의 최종적 결과만을 볼 수 있을 뿐이다.
실제로 악을 구상하고 지시하는 일은 (그것은 기안, 검토,
결재, 기록의 절차를 밟는다) 카페트가 깔린 깨끗하고
따뜻하며 환한 사무실 내부에서, 흰색 와이셔츠에 잘
정리된 손톱과 매끈히 면도한 얼굴로 좀처럼 목소리를
높일 필요 없이 묵묵히 일하는 사무 직원들에 의해
이루어진다.

/ C. S. 루이스, 『스크루테이프의 편지』(1961) 서문

인간은 왜 잔혹한 행동을 하는가

이 책은 인간이 저지르는 끔찍한 행동을 어떻게 이해할 수 있을지를 다루고 있다. 내 영감의 원천은 악의 의미를 깊이 성찰한 철학자나 신학자가 아니었다. 철학자인 나는 그런 유의 문헌을 이미 많이 읽어왔다. 인간의 잔혹성 이면에 과연 무엇이 자리 잡고 있는가를 파악하는 데 좀 더 많은 도움이 된 것은 잔혹 행위를 직접 겪거나 그 문제에 직면해야 했던 인물들, 예컨대 한나 아렌트, 지타 세레니, 프리모 레비, 알렉산드르 솔제니친, 데즈먼드 투투가 남긴 저술이었다. 그들의 성찰은 20세기의 유산에 속한다. 위험한 사람들에 대한 최근의 심리학 연구에서도 많은 것을 배웠다. 따라서 이 책은 실제 삶이나 연구실에서 악한 동기가 어떻게 작동하는지를 관찰한 저작들에 대해 철학자 한 사람이 보이는 반응인 셈이다. 우리 문화의 중요한 고전 문헌을 숙고하는 일은 이 책의 관심사가 아니다. 고정표적으로 여겨지는 전통적 악 개념을 취하지 않으며, 악에 관해서 심오한 이야기를 들려주려 하지도 않는다. 사실 나는 그러한 방식이야말로 피해야 한다고 확신한다. 그 대신에 이 책은 "우리 주위의 잔혹 행위들을 어떻게 생각해야 하는가? 그 현상을 설명하고 대응 방법을 마련하려면 어떤 개념들이 필요한가?"를 묻는다.

  본문에서 학구적 논쟁이나 복잡한 논의는 피하고자 했다. 각 장의 말미에 있는 주註는 인용 문헌과 관련 논의들을 나타낸다. 본문에서 미심쩍거나 모호한 부분이 나오면 해당 부분의 주 내용을 참고하면 될 것이다. 수잔나 브라운드, 토니 브루스, 니라 배드워, 수잔 밥지언, 루스 개러드, 피터 골디, 숀 니콜스는 이 책의 초고를 읽고 매우 유익한 논평을 해주었다. 2003년 5월 미국철학협회가 클라우디아 카드의 『잔혹성 패러다임』The Atrocity Paradigm을 주제로 개최한 학술대회는 나의 시각을 크게 넓혀주었다. 그리고 2003년 봄, 오클라호마 대학에서 담당했던 졸업반 세미나는 인간의 끔찍한 측면에 관한 여러 사실과 이론이 불러일으키는 폭넓은 반응을 확인할 수 있는 소중한 기회였다. 당시 스물네 명의 학생들 모두가 이 책에 영향을 끼쳤다.

차례

6   서문 / 인간은 왜 잔혹한 행동을 하는가

11   §1   악, 평범하지만 특별한

17   '악'이 존재한다는 관념이 위험한 이유
20   악의 이론과 그 조건
24   '악'과 '잘못'의 경계
32   트루먼과 밀로셰비치, 누가 더 나쁘고 악한가
36   악은 왜 이해하기 어려운가
42   악의 형상 또는 악마의 이미지
49   인간을 유혹하는 불가사의한 힘?
53   악의 정확한 이미지
59   주

67   §2   악의 장벽 이론

69   폭력화의 과정
74   폭력적 상태로의 이행
82   자존감과 폭력성의 관계
85   소시오패스 혹은 선택적 감정 불능
93   악의 장벽 이론
101   작은 규모의 악

104 　진짜 악

110 　악한 사람들, 악한 사회

116 　주

121 　**§3　악몽 그 자체인 사람들**

124 　연쇄살인범, 성과 폭력의 매우 위험한 결합

130 　비정상과 죄의 인식 사이에서

136 　국가의 잔혹 행위

145 　테러리스트의 딜레마

156 　소설과 영화 속의 연쇄살인범

167 　악의 이미지와 실제를 구별하기

172 　주

177 　**§4　악과 대면하기**

181 　직관적 이해

188 　'나'와 '타인'의 악을 상상하기

199 　진실을 규명하기, 복수의 악순환을 끊기

207 　화해는 가능한가

215 　분노와 증오에서 벗어나기 위하여

219 　악에 저항하는 제도?

223 　주

228 　옮긴이의 말 / 악을 이해하는 일, 악을 상상하는 일

232 　찾아보기

일러두기

1 원서에 쓰인 이탤릭체는 고딕체로 바꾸어 표시하였다.
2 본문에 실린 도판은 원서에는 없고 한국어판에만 있는 것임을 밝혀둔다.
3 내용을 더 효과적이고 적확하게 전달하기 위해서 일부 장 제목과 소제목을 수정·보완하였다.
4 원서에는 책 말미에 전체 주註가 배치되어 있었지만, 한국어판에는 각 장 말미마다 해당 주를 배치하였다. 이 주는 본문 내용과 관련된 문헌과 논의들을 정리한 것이다.
5 옮긴이의 주는 해당 페이지 하단에 실었다.

악, 평범하지만 특별한

§1

우리는 언제나 그것의 한가운데 있다. 오래전부터 인류라는 종을 특징지어온 열광 또는 무관심으로 인간들은 서로에게 잔혹한 행위를 저질러왔다. 악을 생각해보려 하면, 우리는 먼저 거대한 규모의 공포를 떠올린다. 유럽의 홀로코스트*, 스탈린 치하의 소비에트 연방의 굴라크◆, 캄보디아, 르완다의 강제수용소가 그런 경우들이다. 그러나 끔찍한 일은 더 작은 규모로도 일어난다. 내가 글을 쓰는 지금 이 순간에도 멕시코 후아레스에서는 젊은 여성들의 실종 사건이 일어나고 있고, 상당수 실종자가 정체불명의 조직 집단에 의해 살해된다.▲ 한 신문 기사에 따르면, 남아프리카공화국에서는 매일 60명의 아이들이 강간을 당하는데 그중 일부는 한 살도 채 되지 않은 유아들이라고 한다. 영국과 중동에서는 가족의 명예를 훼손했다는 이유로 여성이 살해되는 사건이 빈번하게 일어난다. 미국의 학교나 일터에서 총격 사건은 결코 드문 일이 아니다. 이런 사건들은, 삶의 부분이자 어디에서나 매일 단일 사건으로 일어나는 살해, 강간, 고문, 폭행을 배경으로 받아들여야 할 것이다.

　매우 곤혹스러운 문제가 있다. 도대체 인간은 왜 그런 일들을 하는가? 우리는 과거에 자신이 저지른 행동에 당혹감을 느낀다. 내가 어떻게 그런 짓을 할 수 있었던가? 이 당혹감은 타인에게 죽음, 고통, 수치심을 일으키거나 잔혹한 행위를 저질렀을 때 더욱 심해진다. '단순한' 사기, 속임수, 약속 위반보다 잔혹성이 포함된 행동은 훨씬 더 이해하기 어렵다. 잔혹성의 원인이 너무나 혼란스러워서 우리는 그 미스터리를 악이라고 명명하고는,

---

* 　집단 학살을 뜻하지만 주로 제2차 세계대전 중 나치 독일이 행한 유대인 대학살을 가리킨다. 유대인을 비롯해 집시, 정치범, 장애인, 동성애자 등 600만여 명이 '인종 청소' 명목으로 학살되었다고 추산된다.
◆ 　구소련의 정치 사상범 집단수용소 또는 강제노동수용소.
▲ 　멕시코 국경도시 시우다드 후아레스에서 1993년부터 발생한 연쇄살인 사건. 여성 500여 명이 성폭행을 당한 후 암매장된 변사체로 발견되었으며 일부는 장기까지 훼손된 상태였다. 여전히 미제로 남아 있다.

부시는 9·11 테러가 있고 나서 몇몇 나라들을 반테러 전쟁의 표적으로 삼아
'악의 축'이라고 일컬었다.

악을 설명할 방법을 필사적으로 찾는다. 악을 이해하기 위해 몇 가지 친숙한 악의 이미지를 참조해 새로운 사례를 보려고 한다. 2002년 1월 29일, 미국의 대통령 부시가 '악의 축'●을 언급했을 때, 그는 제2차 세계대전 당시의 이데올로기 대립을 암시하면서 2001년 9월 11일 발생한 테러 사건◆에 대한 전 세계적 공분을 세계대전의 적대적 대립 구도와 연결시키려 했다. 그는 일부 국가들을 테러지원국으로 간주하고 그들을 악마 같은 나치돌격대▲와

- ● 부시 미국 전 대통령은 2002년 반테러 전쟁의 표적으로 이라크, 이란, 북한을 지명하며 '악의 축'이라고 일컬었다. 이는 제2차 세계대전 당시 사용된 표현인 '추축국'樞軸國에 비유한 것이다.
- ◆ 2001년 9월 11일 이슬람 테러 단체가 항공기 네 대를 납치해 미국 뉴욕의 세계무역센터 빌딩과 워싱턴 국방부 청사를 공격한 사건.
- ▲ SA라고도 하며, 나치(민족사회주의 독일 노동자당)의 준군사 조직으로서 반나치 세력을 억압하고 나치즘을 선전하는 데 주요 역할을 했다.

강제수용소 경비대, 일본 침략군 같은 일반적 이미지에 비유했다. 그런데 이 비유는 이란의 종교인들이 1979년 11월 이란에서 미국 외교관들을 인질로 잡고 억류한 행위■를 정당화하면서 미국을 '거대한 사탄'이자 세계 악의 근원으로 규정했던 것과 놀랍도록 유사하다.

이 책은 악, 그리고 악을 이해하는 우리의 능력을 다루고 있다. 나는 악에는 심리적 측면과 도덕적 측면에서 특별함이 있다는 점을 논증할 것이다. 특별한 종류의 끔찍한 행동과 그 밖의 잘못들은 구별해야 한다. 이 두 부류의 원인들은 주요한 면에서 서로 차이가 있으며, 따라서 각각에 대한 합당한 반응도 다를 수밖에 없다. 그렇지만 악의 심리가 정상적 인간의 동기와는 다른 것인 양 오도하는 악에 대한 사악한 이미지들은 함정에 지나지 않는다는 점도 보여줄 것이다. 이러한 이미지들 가운데 극단적 형태는 악을 행하는 자들이 인간의 이해를 넘어선 요인에 이끌린다고 여기는데, 이는 잘못된 것이다. 그뿐만 아니라 대부분의 끔찍한 행동 뒤에는 매우 특징적인 비정상적 동기 유형이 있다고 보는 좀 더 미묘한 형태가 있는데, 이 역시 피할 만한 근거가 있다. 이 책에서는 대부분의 악한 행동은 충격적이지만 여러분이나 나와 다르지 않은 사람들이 행한다는 점, 악행을 많이 저지른다는 것이 무엇인지는 상상해봄으로써 어느 정도 파악할 수 있다는 점, 그리고 상상적 이해를 통해 인간의 동기에 대해 매우 기초적이고도 중요한 몇 가지 사실을 이해해야 한다는 점을 주장할 것이다. 나는 우리 모두에게 존재하는 악의 잠재력을 포착하

■ 1979년 이란의 호메이니 정부는 당시 미국으로 피신해 있던 팔레비 국왕의 인도를 미국에 요구했지만 거부당했다. 이에 분노한 시위대가 1979년 11월 테헤란에 있는 미국 대사관, 영사관을 점거하고 대사관 원 등을 인질로 잡았다.

는 데 도움을 줄 상상력의 전환에 대해 기술하려 한다.

　이러한 결론에 이르기까지 나는 심리학과 철학의 전통에 의지하기도 하고 반대하기도 했다. 놀랍게도 철학사에서 심각한 잘못에 관한 논의는 거의 이루어진 적이 없다. 니체를 제외한 대부분의 도덕철학자들은 주로 동기가 손쉽게 파악되는 잘못된 행위에 주목했다. 이를테면 돈을 벌려고 거짓말을 하거나, 상황이 바뀌었다고 약속을 어기거나, 권력이나 사랑을 위해 경쟁 상대를 죽이는 경우다. 이들 경우에서 일부는 아주 잘못된 행동이고 다른 일부는 악한 행동이라고도 볼 수 있겠지만, 그 행위들을 이해하기 위해 인간 타락의 깊이까지 다룰 필요는 없을 것이다. 하지만 예를 들어 철학자 칸트는 인간이 난처한 상황을 모면하려고 거짓말 같은 비합리적 행위를 하는 이유를 매우 심오하고 풀기 어려운 미스터리로 다룬다. 만일 어느 외계인이 서양 철학사를 읽는다면, 인류 구성원 대부분이 합리적 인간이며, 종종 공공의 이익을 잘못 추정하거나 자신의 이익을 우선시하기도 하지만 그런 경우 말고는 모두가 똑같은 동기를 갖는다고 생각할 것이다.

　한편 심리학자들은 병리적 행동에 관심을 기울였다. 그들은 폭력적이고 위험한 인격들과 그 발달 경로들을 분류하고, 때때로 성공을 거두기도 하지만 더 빈번히 실패하고 마는 치료법들에 관심을 두었다. 외계인이 이들 심리학자의 책을 본다면, 인류는 예측할 수 없을 만큼 위험하고 비합리적인 개인들로 가득하다고 여길 것이다. 이렇듯 철학자들과 심리학자들의 관점을 따르다보면, 그저 이따금 정도에서 엇나가곤 하는 보통사람들과 일탈심리학의 연구 대상인 병리적 위험인물들은 근본적으로 다른 사람들이며, 이런 위험인물들의 행동이 우리를 둘러싼 잔혹 행위의 배후인 것처럼 여겨질 수도 있다. 그러나 이는 사실이 아니다. 이 책의 평균적인 독자들과 대다수의 악행자 사이에는 상상하지 못할 차이가 있는 것도 아니며, 세상의 악 대부분은 오히려 정상적으로 사회생활을 영위하는 사람들의 행동에서 비롯된다. 나는 그 점을 논증해 보일 것이다.

'악'이 존재한다는 관념이 위험한 이유

무엇보다 각별한 주의가 필요하다. 악이라는 관념 자체를 의심하게 하는 강력한 논거가 있다. 악이라는 관념을 가정하는 사고는 혼란을 초래할 뿐만 아니라 그보다 더 끔찍한 결과를 야기할 수도 있다는 것이다. 이것이 그 반박의 요지다. 먼저 이 주장을 따라가보자.

'악'이라는 단어는 증오, 무시, 이해 불가의 어휘군에 속한다. 어떤 행동이나 사람이 정상적인 도덕과 설명의 틀에 맞출 수 없을 만큼 나쁠 때 악하다고 한다. 히틀러나 폴 포트Pol Pot(1925~1998)•가 '잘못'을 했다고 말하는 것은 거의 오류라고 할 정도로 그 행동의 본질을 축소하는 듯이 보인다. 그래서 우리는 용인할 수 없는 것에 대한 비난을 나타내는 특별한 어휘를 끌어내 그들을 '악하다'고 말한다. 강간범이나 소아성애자의 경우

• 캄보디아의 정치가. 크메르루주 정권을 이끌었으며 반대파를 무자비하게 학살했다.

도 마찬가지다. 우리의 공포가 우리를 특별한 어휘로 이끈다. 그렇게 우리는 세계에 공포의 신호를 보낸다. 우리는 이렇게 말한다. "나는 이 사안에 단순한 비난으로 대응하겠다. 변명이나 용서의 여지도 없다." 하지만 우리 자신에 대해서는 좀처럼 이러한 어휘를 쓰지 않는다. 자신이 인간적 도리를 저버렸다고 여기는 경우는 극히 드물 뿐만 아니라, 그런 경우라도 자신에겐 그럴 만한 이유가 있다고 믿는다. 우리는 집단 학살이나 아동 성폭행에 가담하는 자신을 상상하지 못한다. 그리하여 그러한 행위들은 우리와 전혀 다른 심리에서 촉발된 것이며, 또한 우리로서는 도무지 그 이유를 알 수 없을 만큼 일반적인 이해 가능성의 범위를 넘어서고 어떤 변명도 불가능한, 잘못된 행동이라 생각하게 된다.

그런데 만약 일상의 도덕적이거나 덜 도덕적인 동기와 악행의 동기가 그토록 다르다면, 이런 행위를 저지르는 사람들은 분명히 우리와 아주 다른 존재일 것이다. 그들은 악한 사람들임에 틀림없다. 그래서 우리는 끔찍한 일이 많이 일어나는 이유가 우리와 매우 다른 방식으로 정신이 작동하는 소수의 사람들이 존재하기 때문이며, 이들이 없다면 세계는 훨씬 더 안전하고 덜 끔찍한 곳이 되리라고 설명하게 된다. 일종의 도덕적 편집증에 빠진다.

편집증은 나쁜 영향을 끼친다. 그중 가장 극적인 결과는 보복, 마녀사냥, 방어적이거나 선제적인 잔혹 행위를 허가하는 경우다. 우리에게는 타인에게 해를 끼쳐서는 안 된다는 사회적·정서적 장벽이 있다. 가장 근본적인 장벽은 다른 사람들을 살해하지 않는 것이다. 그런데 누군가를 우리와 근본적으로 다른 존재로 범주화하면, 그러한 장벽들을 넘는 일이 훨씬 쉬워진다. (타인을 대하는 데 이처럼 장벽을 넘게 하는 요인들은 이어지는 장들에서 중요하게 다뤄질 것이다. 특히 2장의 중심이 된다.) 결국에는 보통 우리가 꺼리는 일들도 행할 수 있게 된다. 우리는 그들에게 악을 행할 수 있는 것이다.

악의 개념을 가정하는 생각에는 이보다 더 미묘한 위험들이 존재한다. 세계의 불행 중 상당수는 우리가 쉽게 악으로 분류할 수 없는 방식으로 행동하는 지극히 평범한 사람들의 무분별, 무신경, 무지에서 발생한다. 상당수의 불행은 증오나 사디즘에 빠진 소수의 행동 때문이 아니라 신중함이나 상상력이 부족한 다수의 행동에서 비롯된다. 많은 경우의 현실적 공포는 쉽게 악하다고 단정 짓기 어려운 사람들의 지적인 선택에서 나온 결과다. (이 점은 '트루먼과 밀로셰비치, 누가 더 나쁘고 악한가' 부분에서 다뤄질 것이다.) 사실 우리는 끔찍한 일은 끔찍한 동기에서 나온다고 생각하며, 우리가 보기에 끔찍하거나 이질적인 동기를 가진 사람들이 공포를 유발하는 장본인이라고 비난한다. 악의 개념을 가정하는 사고는 이러한 사실을 제대로 보기 어렵게 한다.

현대 사회심리학에는 이런 종류의 실수를 가리키는 용어가 있다. 한 개인의 행동이 상황에 따라 얼마나 달라질 수 있는지를 가볍게 보고 넘길 때 '근본적 귀인 오류'•에 빠진다. 우리는 거짓말이나 정직한 말 또는 협력 등의 특정한 행동과 마주칠 때가 있는가 하면, 다른 종류의 행동을 접할 때도 있다. 그런데 우리는

•   다른 사람의 행동을 설명하는 데 외적 요인은 무시하고 내적 요인을 과대평가하는 경향.

그 이유가 어떤 사람들은 거짓말을 하거나 정직한 말을 하거나 협력을 하지만, 다른 사람들은 그렇게 행동하지 않기 때문이라고 생각한다. 하지만 사실 한 개인의 행동은 우리가 흔히 짐작하는 것보다 더 많이 상황에 따라 변화한다. 우리가 목격하는 행동들의 변화는 주변 인물들의 다양성보다는 그들 각자가 처한 상황의 가변성에 기인하는 부분이 더 크다. 악의 개념을 가정하는 사고는 이러한 오류 유형에 빠질 수 있다. 끔찍한 행동이나 잔혹한 상황을 접하면, 그 배후에는 분명 끔찍한 인물들이 있다고 믿으며 끊임없이 그들을 찾게 된다.

진정한 위험은 이것이다. 악의 개념을 가정하고 사고하다보면 어느새 악인과 같은 사고방식을 가질 수 있다. 악인은 피해자가 그런 취급을 받을 만하다고 생각하며, 그들을 가치 없는 쓰레기나 열등한 존재 또는 위험할 만큼 이질적인 대상이라 여긴다. 사실 그는 피해자가 악하다고 생각한다. 이처럼 악의 개념을 가정하는 사고는, 각별히 주의하지 않는다면 우리를 잔혹 행위의 공범자로 만들지도 모른다.

악의 이론과 그 조건

"그러나 사이코패스, 연쇄살인범, 테러리스트는 존재하며, 그들은 우리와 다른 방식으로 생각을 한다." 그렇다. 하지만 두 가지 점에 주목해야 한다. 첫째, 위험하거나 소름 끼치는 특정 인물들의 존재를 인정한다고 해서 그들이 모두 비슷한 방식으로 위험하다는 얘기는 아니다. 연쇄 강간 살인범과 자살 폭탄 테러범은 예를 들어 그들이 캔자스시티의 품행이 바른 평균적 시민과 다른 만큼이나 그들 사이에서도 차이를 가질 수 있다. 둘째, 그들이 우리와 다르다는 사실은 그들이 어떤 면에서 다른지, 얼마나 다른지, 그리고 우리 주위에 악을 일으키는 데 그들이 어떤 역할을 하는지를 말해주지 않는다. 이러한 단서가 있긴 해도 위험한 사람들은 분명히 존재한다. 그들은 아주 적으며 사회의 주류에서 멀리 떨어져 있는데, 그런 이유로 우리는 대체로 너무 늦게서야 그들의 위험성을 인식하게 된다. 아무 잘못도 없는 사람들이 상상하기 힘든 공포를 겪게 되는 끔찍한 사건들이 벌어진다. 그런 일들은 우리가 인정할 수 있는 것보다 더 많이 일어난다. 난폭한 세상이다.

동전의 양면 같은 이 사태를 어떻게 제대로 다룰 수 있을까? 세상의 난폭함과 남들보다 더 위험한 사람들의 심리를 그대로 인정하면서, 그와 동시에 편집증적 함정, 다시 말해서 보통사람과는 매우 다른 동기를 갖는 특별한 부류의 소름 끼치는 사람이 존재하며 바로 그들의 행동이 우리 주위에서 벌어지는 끔찍한 상황들의 핵심이라 생각하게 되는 함정을 피하는 방법을 어떻게 찾을 수 있을까? 나는 악의 이론에 대해 세 가지 조건, 즉 악의 이론이 충족해야 하는 세 가지 시험을 제시하려 한다. 이 시험들을 통과하지 못하는 이론은 '악'이라는 용어에 제기되었던 의심들을 해소하는 데 실패하고, 그 용어를 진지한 용도로 사용해서는

21

안 된다는 주장에 제대로 반박하지 못한 것이다.

1 　이해력. 악에 대해 깨우침을 주는 이론은 악행자의 동기를 이해 불가능한 것으로 묘사하는 대신에 악한 행동을 하는 동기의 다양성, 그리고 정상적인 인간의 삶에서 작동하는 동기와 악한 행동을 하게 하는 동기 사이의 다양한 유사성을 이해하는 데 도움을 주어야 한다. 인간이 서로를 이해하는 데 필요한 자산을 확장해주어야 한다.

2 　평범성. 악의 이론은 다수의 공포, 특히 홀로코스트같이 거대한 규모의 전 사회적 공포는 다양한 인물들의 협력을 필요로 한다는 사실과 배치되어서는 안 된다. 협력자들 중 일부는 사악함과 무관한 특징들을 나타냈으며, 다른 상황에서라면 사회에 유익한 구성원이 될 수도 있었다. 따라서 거대한 규모의 전체주의적인 악은 평범성을 특징으로 한다는 한나 아렌트의 주장이 옳든 그르든, 악에 동참하는 많은 사람들의 행동이 특별한 증오나 가학적 성향에서 비롯된 것이 아니라는 점은 거의 의심할 나위가 없다. 이 문제는 3장에서 다시 다룰 것이다.

3 　성찰성. 악의 이론은 우리가 어떻게 악으로 보일 수 있는지를 이해하는 데 도움을 주어야 한다. 애국자라고 자부하던 사람은 자신을 전범으로 보는 시각에 놀라고, 정당한 도리를 지켜왔다고 생각하던 사람은 자신을 편협한 인물로 보는 시각에 놀라며, 스스로를 사회의 생산적 구성원이라고 여기던 사람은 자신이 다른 사람들의 불행에 책임이 있다는 시각에 놀란다. 특히 부유

한 서구 사회의 구성원들, 그중에서도 미국인은 자신들의 중요한 동기가 다른 나라 사람들에게는 매우 비난받을 만한 것으로 보일 수 있다는 점을 거의 이해하지 못한다. 여기에서 상당한 수준의 이해 또는 상상을 필요로 하는 도덕적 관점의 변화가 일어난다. 훌륭한 악의 이론은 이러한 변화에 도움을 줄 수 있어야 한다.

이 책에서는 이상의 세 가지 조건을 충족하는 악에 대한 설명을 종합해보려 한다. 서로를 이해할 수 있는 인간의 능력이라는 주제를 중심으로 철학자, 심리학자, 사상가의 성찰을 한데 모아 살펴볼 것이다.

악에 대한 설명을 통해 왜 사람들은 악한 일을 저지르는지, 그리고 서로에 대한 우리의 자연스럽고 직관적인 이해로 얼마나 많은 악한 동기를 파악할 수 있는지 알 수 있을 것이다. 직관적인 심리적 이해와 도덕적 판단은 깊고도 미묘한 관계를 맺고 있다. 특히 끔찍한 일을 저지른 사람의 동기를 이해하는 일과, 자신이 명료한 의식으로 한 행동이 다른 사람 눈에는 끔찍해 보일 수도 있음을 이해하는 일은 지극히 어려운 상상력의 도약을 필요로 한다. 내가 목표로 하는 철학은 그러한 도약에 요구되는 능력들을 확장할 수 있어야 한다.

'악'과 '잘못'의 경계

나는 충실하고 이해에 도움이 되는, 악에 대한 설명을 찾고 있다. 충실한 설명이 되려면 사람들이 끔찍한 일을 하는 데는 수없이 다양한 이유가 있고, 상황이 끔찍해지는 데도 수없이 다양한 경로가 있다는 점을 인정해야 한다. 또한 그 설명은 우리의 통념보다는 최신 심리학의 성과에 기초해야 한다. 한편 이해를 돕는 설명이 되려면 갖가지 동기들과 상황들을 관련지어야 한다. 무엇을 악으로 간주하고 무엇을 악으로 간주하지 않을지를 정하는 일이다. 이번 절에서는 악한 것과 '단순히' 나쁘거나 잘못된 것을 비교할 것이다.

우리는 특정한 종류의 잘못된 행동과 그에 따른 나쁜 결과를 가리킬 때 '악하다'는 표현을 사용한다. 그러나 매우 잘못된 행동이 모두 악한 것은 아니다. 그리고 어떤 행동은 큰 잘못은 아니지만 악의 주요 특징들을 지닐 수 있다. 또 어떤 행동은 다른 행동보다 더 잘못되었지만 덜 악할 수도 있다. 이는 미묘한 문제이므로 어떤 행동이 단순히 잘못된 게 아니라 악하다고 할 경우에 우리가 그 둘을 어떻게 구별하고 있는지를 파악해야 한다. 세 가지 가상의 사례를 생각해보자. 이 사례들은 악과 잘못의 경계선에 놓인 행동들을 보여줄 텐데, 각각의 사례에서 악에 가까이 기울거나 멀어지는 추가적 요인들은 시사하는 바가 클 것이다.

첫 번째 예는 심각한 과실의 사례다. 내가 기아 구호 활동 담당자라고 가정해보자. 나는 사막에 있는 사람들에게 식량을 투하해야 할 비행기의 연료를 잘못 관리했다. 부주의하게도 부패한 군부가 빼앗아갈 수 있는 장소에 연료를 보관했던 것이다. 비행기가 움직이지 못하므로 식량은 전달되지 못하고 사람들은 굶어 죽는다. 나는 이 사람들을 죽게 했다는 죄책감을 느낀다. 본부 관리자들은 나를 계속 고용해야 할지를 심각히 고민한다.

물론 나의 책임도 막중하다. 하지만 나의 잘못과 연료를 훔쳐간 사람들의 잘못을 비교해보라. 그들은 살인자다. 그들의 잘못은 나의 잘못과는 매우 다르다. 그렇다면 그들이 더 나쁜가? 두 가지 죄 중에서 어느 것이 더 큰 죄인지를 따지는 일은 무의미할 때가 많다. 그러나 이 경우에는 몇몇 이유에서 내 행동이 군부의 행동보다 더 나쁘다고 판단하는 것이 타당해 보인다. 만약 기아 구호 활동을 성공적으로 진행시키고자 한다면, 그 목표를 이루는 데 더 큰 위협은 군부가 아니라 내가 될 것이다. 군부는 매수하거나 위협하거나 주의를 딴 데로 돌릴 수 있지만, 나는 관여하는 일마다 과오를 저질러 망칠 것이다. 그러나 직관적으로 볼 때 나의 동기는 그들의 동기보다 덜 악하다. 나는 의식적으로나 무의식적으로나 누구에게 해를 끼치려 하지는 않았다. 나는 비난받을 만하지만 단지 실수를 했을 따름이다. 그러나 내 실수에 특정 유형이 더 있을수록 더 악해 보인다는 사실에 유의해야 한다. 예를 들어 내가 나 자신과 관련된 일에는 매우 세심한 반면에 다른 사람의 이해가 걸린 문제에는 상당히 태만하다는 게 밝혀진다면, 그때부터 나의 잘못은 악의 냄새를 짙게 풍기게 된다.

두 번째 예로 인생에서 유일하게 중요한 일이 신에게 다가

가는 일이고, 신앙과 함께 전 인류에 대한 사랑과 박애를 표방하는 자신의 교회에 소속되어야만 신에게 다가갈 수 있다고 믿는 한 여성이 있다고 생각해보자. 그녀와 교회의 다른 구성원들은 전 세계의 궁핍한 어머니들에게 자녀가 풍족한 환경에서 자랄 수 있도록 양육권을 교회에 맡기라고 설득한다. 물질적으로 풍족한 것은 사실이다. 하지만 몇 년이 지나 어머니들은 아이들을 포기했던 일을 뼈저리게 후회하고, 부모와 떨어져 지낸 아이들은 공허함을 느낀다. 그러나 이 사례의 주인공은 전혀 후회하지 않는다. 자신은 아이들을 사랑하는 마음에서 그 일을 했을 뿐이며, 그렇게 하지 않았다면 아이들은 인생에서 유일하게 가장 중요한 일에 참여할 기회를 갖지 못했으리라고 생각한다. 대부분 동의하겠지만 그녀의 동기에는 큰 잘못이 있다. 그녀와 그녀의 행동에는 심각하게 잘못된 것이 있다. 그 잘못은 특별한 종류의 것이다.

그녀의 행동은 분명 잘못되었지만 악의 적절한 사례는 아니다. 그녀는 자신이 해를 끼치는 바로 그 사람들에 대한 호의로 그렇게 행동했고, 그들에게 해를 끼치고 있다는 사실도 깨닫지 못한다. 그녀가 자신의 행동이 아이들과 어머니들에게 미칠 영향에 대해 알면서도 오직 교회의 교리만을 스스로 되새기면서 그 중요성을 외면했다고 가정해보자. 이때 그녀의 동기는 어떤 이데올로기를 추구하다가 맹목적으로 악에 빠져드는 사람의 동기와 유사하다. 선의를 가진 정말 좋은 사람들이 그렇듯이 그녀 역시 악의 협력자가 될 수 있는 것이다. 하지만 우리가 이런 식으로 이야기를 수정하기 전까지 그녀의 행동은 악한 행동이라기보다 잘못된 행동의 좋은 예가 된다. (이 예는 2002년 오스트레일리아 영화 〈토끼 울타리〉를 토대로 했으며, 다른 예들과 뚜렷이 대조되도록 영화 내용을 일부 수정했다.)

세 번째 예는 제약 회사 경영자의 이야기다. 그의 회사는 획기적인 항암제 특허권을 소유하고 있다. 경쟁 회사는 유사한 효능의 약을 가지고 있지만, 이 경영자와 달리 회사가 세금을 피할 수 있는 세법상 미묘한 허점을 발견하지 못했다. 정부가 이 허점을 보완하기까지 5년이 걸린다. 이 기간에 그는 경쟁사에 비해 유리한 상황에서도 약 가격을 내리지 않으면서 경쟁사가 시장 대부분을 차지할 정도까지는 가격을 올리지는 않는 식으로 복잡한 경영 전략을 펼친다. 대신 그는 경쟁사보다 약간 낮은 가격으로 약품을 판매하려고 가격을 조절하지만 여전히 높은 가격을 유지한다. 그는 자신이 경쟁사와 벌이는 이 게임이 사람들의 목숨을 담보로 한다는 사실은 전혀 인식하지 못한다.

이 경영자의 행동은 악한가? 그는 당신의 이웃일 수도 있고, 당신이 속한 교회나 공동체의 양심적인 일원일 수도 있다. 이 최소한의 기본적인 이야기를 보충해줄 두 가지 방법이 있는데, 한쪽에서 그의 행동은 악하고 다른 쪽에서는 악하지 않다. 그는 그저 너무 바쁘고 성격과 인격 전체가 오로지 상업적 문제에만 집중된 까닭에, 자신의 행동에 따른 결과를 전혀 의식하지 못할 수도 있다. 이때 그는 결함이 많은 사람이고 그의 행동은 매우 잘못된 것이지만, 동기는 악하지 않다. (당신이 그의 반항적인 사춘기 자녀인데 상처를 줄 만한 말을 찾는다고 생각해보라. 당신은 그를 형편없이 약하고 무능력한 얼간이라고 부를 것이다.) 반면에 자신의 행동이 사람들의 죽음을 야기한다는 생각이 가끔씩 들기도 하지만, 그럴 때마다 그는 경쟁사와 벌이는 복잡한 경합에 전념하면서 그 생각을 떨쳐버린다고 가정해보라. 그는 자신의 행동을 의심하게 할 만한 생각과 가능성을 회피하는 전략을 사용하는 것이다. 그것은 분명 악의 일종이며, 중대하고도 널리 퍼져 있는 악이다. (당신이 그의 반항적인 자녀라면 그를 살인자, 집단 학살을 초래하는 위협적 존재라고 부를 것이다.) 이러한 자기기만 전략은 2장에서 악을 설명하는 데 중요한 역할을 하며, 상당수의 지능적이고 비폭력적인 악을 설명해준다.

이 세 번째 사례는 제3세계의 에이즈 바이러스 치료제 가격 논쟁에서 착상을 얻었다. 하지만 그에 관해서 어떤 단언을 내리는 일은 일부러 피했다. 이 논쟁의 주요 쟁점은 상업 활동 전반에 적용된다. 이윤 추구의 동기에는 본질적으로 악한 것은 없지만, 그것은 한 사람의 행동이 미치는 영향에 집중하지 못하게 하는 데는 효과적인 도구가 될 수 있다.

무능한 기아 구호 직원, 호의를 베푸는 유아 유괴범, 시야가 좁은 회사 경영자. 이들은 악하지 않은 사람도 매우 잘못된 행동을 할 수 있다는 것을 보여준다. 또한 그 경계선이 얼마나 미묘한지도 보여주는데, 다른 유사한 상황에서 그들은 충분히 악행을 저지를 수도 있기 때문이다. 그렇다면 잘못과 악행의 경계는 어디쯤에서 발견되는가? 우리는 억지스럽게 들리지 않으면서도 도덕적으로나 심리적으로 의미 있는, 중요한 구별을 할 수 있는 구분선을 그어야 한다. 악에 대한 정의는 다음 장에서 제시할 것이다. 여기서는 먼저 잘못과 대비되는 악의 기본 특징 세 가지를 살펴보도록 하자.

1   우리는 극도로 악한 행동에 대해 본능적인 혐오감을 갖는다. 혐오감은 그 악행이 물리적 폭력을 수반할 때 가장 강렬해지지만, 그것과는 즉각적 감정이 다르더라도 비슷한 유형의 동기에서 비롯되는 다른 행동에까지 미친다. 고대 사회에서 악한 행동은 단지 인간들로 하여금 공동의 삶을 제대로 꾸리지 못하는 데 절망하게 하기보다는 신이 역병을 보내 보복할 수도 있다는 두려움에 떨게 했다.

2   악은 타인에게 죽음, 고통, 모욕을 가하는 잔혹성으로 집중된다. 악한 행동은 피해자가 같은 인간이라는 점을 일부러 외면하는 특수한 고의성 아래 이루어진다. 외면의 방식은 여러 가지인데, 그중 하나는 피해자를 가해자인 자신들처럼 악하다고 보거나, 인간 이하의 열등한 존재 또는 수치스러운 존재로 보거나, 아니면 적이나 외국인으로 보는 것이다.

3   악의 피해자는 대개 악이 이해 불가능한 것이라는 관점을 갖는다. 나한테 어떻게 그런 행동을 할 수 있는가? 타인에 대한 우리의 행동에는 한계가 있으며, 그 한계를 넘어서기 전까지 그 행동은 당연시된다. 악이 이해 불가능하다는 관점은 왜 사람들이 악한 행동을 하는지를 상상하는 데 어려움을 겪게 하는 원인으로

서, 이 장 뒷부분에서 다시 논할 것이다. 그 관점은 또한 피해자 자신이 그런 대우를 받을 만하다고 자책하는 경향의 원인이기도 하다.

이들 세 가지 특징은 잘못의 종류들 사이의 어떤 차이를, 하나의 구별을 보여준다. 이로써 이제 우리 눈에 잘 띄게 된 그 구별은 아마 고대 문화나 동양 문화권에서는 발견되지 않으며, 스토아 철학, 기독교와 더불어 유럽 문화에 들어온 것이다. 그 구별은 어떤 특정한 잘못에 대한 개념으로서, 순탄한 삶을 위해 수립된 사회 규칙들보다 더 심층적이다.

강간과 고문은 거의 항상 악하다. 강간과 고문은 혐오감을 유발한다. 그래서 강간이나 고문을 하는 사람은 자신이 저지르는 행동의 온전한 특성을 외면하는 방법을 찾아내는 반면, 피해자는 자기에게 일어나는 일을 쉽게 믿을 수 없다. 이를 계약 위반과 대조해보라. 계약 위반도 매우 잘못된 행동이지만 혐오스럽지는 않고, 가해자의 심리가 꼭 뒤틀려 있다고 볼 수도 없으며, 상상하기 어렵지도 않다. 피해자가 자신이 겪은 일을 이해해보려 필사적으로 애쓰다가 결국 자기 탓으로 돌리고 마는 경우도 발견할 수 없다.

불륜과 성적 비행 유형은 흥미로운 사례다. 불륜은 다른 사람에 대한 욕망 때문이 아니라 배우자를 모욕하려는 목적으로 행해질 경우에 악하다. 그러나 일반적으로 매우 잘못된 행동이긴 해도 악하지는 않다. 우리는 불륜을 저지르는 커플이 혐오스럽다거나, 그들의 행동에 특별한 설명이 필요하다고 생각하지 않는다. 그들이 해를 끼치고, 약속을 저버리며, 그들 자신과 다른 사람들에게 고통을 준다고 생각할 뿐이다. 사회적, 종교적으로 불륜을 제재하지 않더라도 거기에 본질적으로 부정한 측면이 있다고 추정하지 않으며 성에 대해 현대적 태도를 가진 경우라면 보통 그렇게 생각한다. 만일 누군가 그런 추정을 한다면 성적 관계가 있는 사이를 신성시하는 태도에 속할 텐데, 그에게 성적 비행은 악에 훨씬 가까워 보일 수도 있다. 아마도 이러한 반감에는 인간의 어리석음에 대해 슬퍼하기보다는 인간에 대해 혐오스러워하는 경향이 있을 것이다. (그러나 예수를 떠올려보라. 예수는 사람들이 마음속으로 죄를 저지르면서 다른 사람을 비난하는 위선을 지적하기 위해 간음한 여인을 선택했다. 그가 만약 살인자나 강간범을 선택했다면 호응을 얻지 못했을 것이다.)

강간이 악한 이유는 대개 피해자를 모욕하고 그 또는 그녀를 한낱 대상으로 낮추려는 욕망을 내포하고 있기 때문이다. 모욕이 성적 형태를 띠었다는 사실은 욕망의 부수적 결과다. 하지만 성적 모욕은 인간 내면의 상처 받기 쉬운 측면에 영향을 미친다. 다른 예를 들어보자. 한 여자가 남자와 성관계를 갖기 위해 거짓으로 그를 설득한다. 그녀는 자신이 불치병을 앓고 있으며, 그 남자와의 성 경험을 생의 마지막 기억으로 갖고 싶다고 말한다. 나중에서야 남자는 여자가 어떤 병에도 걸리지 않았고, 그녀가 소중한 순간을 원한 것이 아니라 단순히 관심을 끈 남자의 몸을 원했다는 사실을 알게 된다. 그 남자는 강간당했다고 느낄까?

대부분 사람들은 아니라고 답할 것이다. 남자는 기만당하고, 함부로 다루어졌으며, 이용당했다고 느낄 것이다. 그가 당한 일은 잘못된 것이다. 그러나 악하지는 않다.

까다롭고 애매한 사안들을 강제로 해결해서는 안 된다. 그 사안들에 대해서 우리는 어떻게 반응해야 하는지, 또한 그 이유는 무엇인지를 명확히 파악해야 한다. 우리가 말하려는 바가 분명해질 때까지, 그리고 어떤 구별을 적용할 것인지 확실해질 때까지 다양한 논거와 증거들을 인내심 있게 살펴보아야 한다.

트루먼과 밀로셰비치, 누가 더 나쁘고 악한가

1945년 7월, 해리 트루먼은 일본의 히로시마와 나가사키에 원자폭탄을 투하하라고 명령했다. 이 일로 수십만 명이 목숨을 잃었다. 일부는 즉사했고, 다른 일부는 고통스러워하며 천천히 죽어갔다. 얼마 후 일본은 항복했다. 트루먼의 결정은 미국이 일본 영토를 직접 침공했다면 미국인들의 희생이 막대했으리라는 이유에서 옹호되었다.

이의가 제기될 수도 있겠지만 몇 가지 합리적인 추정을 해보자. 먼저 인명 손실을 더 적게 하면서 전쟁을 끝낼 수 있는 다른 대안이 있었다고 가정해보자. 예를 들어 인구가 밀집되지 않은 지역에 원자폭탄을 투하할 수도 있다. 실제로 도쿄 인근에 매우 적합한 지역이 있었다. 트루먼이 부적절한 이유에서 이 조치를 거절했다고 가정해보자. 이를테면 신형 폭탄을 시험해보길 원하던 군 권력층이 원자폭탄을 사용하기 전에 일본이 항복 협상을 제의할 가능성을 두려워했다고 가정하자. 트루먼이 포츠담에서 처칠, 스탈린과 전후 세계 형세에 관한 논의를 끝내고 나서 본국에 돌아왔을 때 전시 국가의 대통령인 그에게 온갖 세세한 문제들이 밀려들었다는 점을 떠올려보자. 더구나 그는 예기치 않게 직무를 떠맡은 지 얼마 되지도 않았다. 결국 그는 세부 사항을 따지지 않고 장군들의 제안에 동의하게 된다. 또 다른 경우를 가정해보자. 트루먼은 그 모든 죽음을 불가피하고 매우 유감스러운 부작용으로 보았다고 생각해보자. 그는 '일본인 피해자를 최소화하는 것이 선'이라는 생각을 하지 않았다. 이 같은 가정들이 사실이라면, 트루먼은 잘못 행동한 것이다. 매우 심각한 잘못으로 수많은 목숨이 불필요하게 희생된 것이다. 하지만 그의 행동을 거대한 악이라 볼 수는 없다. 그는 다만 엄청난 실수를 저질렀을 뿐이다.

　해리 트루먼과 슬로보단 밀로셰비치Slobodan Milosevic(1941~2006)◆를 비교해보라. 예시가 적절히 활용될 수 있도록 상세한 내용을 적을 것이다. (이 글을 쓰고 있는 지금 밀로셰비치는 재판 중이므로 트루먼의 사례와는 달리 그와 관련된 몇 가지 사실에는 다른 의견이 제기될 수 있다. 이럴 때는 유리한 편에 서는 것이 좋다.)◆ 나의 가정은 미디어에서 보도된 일반적인 내용과 같다. 이에 따르면, 밀로셰비치는 1997년에서 1999년까지 보스니아와 코소보 일부 지역에서 일어난 '인종 청소'를 기획했다. 이 기간에 많은

　• 　유고슬라비아의 전 대통령. 세르비아 민족주의를 내세워 1991~1995년 크로아티아 내전, 1992~1995년 보스니아−헤르체고비나 내전, 1998년 코소보 사태를 불러왔으며, '인종 청소'를 기획했다는 혐의를 받았다. 이 '인종 청소'로 말미암아 20만 명의 사망자, 30만 명의 난민이 발생했다. 1999년 전쟁범죄 혐의로 기소되어 감옥에서 사망했다.
　◆ 　밀로셰비치는 2001년 4월 체포되어, 2006년 네덜란드 헤이그에서 사망하기까지 전범으로 기소되어 재판을 받았다. 이 책의 원서는 2004년에 출간되었다.

사람들이 죽거나 고문당했다. 전략적 차원에서 강간이 자행되었으며, 끔찍한 환경 속에 억류된 사람들이 고문을 받거나 즉결 처형을 당했다. 밀로셰비치는 아마도 이 모든 일의 세부 사항들까지 파악하지는 못했을 테지만, 자신이 촉발한 계획이 그런 사건을 야기하리라는 점은 분명히 인식하고 있었다. 또한 그는 이러한 공포가 자신이 세르비아 땅이라 주장하는 지역의 비非세르비아인들에게 가해지게 했다. 그는 비세르비아인들, 특히 무슬림들에게는 죽음과 불행, 공동체 해체가 마땅하다고 여겼다. 이 같은 서술이 옳다면 밀로셰비치의 행동은 악의 대표적 사례라 할 수 있다.

어느 쪽이 더 나쁜가? 트루먼의 실수인가, 밀로셰비치의 악인가? 두 가지 공포를 비교하는 일은 실수로 흐를 때가 많다. '더 작은' 공포의 끔찍함을 가볍게 여길 수도 있기 때문이다. 분쟁이 오래 지속된 경우에 각 진영은 마치 자신들의 잔혹 행위를 변명하려는 듯이 상대측이 자행한 학살의 피해자 수를 헤아린다. 그러나 앞서 기술한 트루먼이 미디어 보도 속의 밀로셰비치보다 더 나쁜 행동을 했다고 주장할 수 있는 한 가지 논거가 있다. 트루먼의 경우 난민 수는 더 적게 발생했지만 더 많은 사람들이 죽었고, 그 목적을 달성하는 데는 더 많은 대안들이 있었다. 게다가 사망자를 예측할 수 있었고, 그 수를 몇백 명 정도로 조정할 여지도 있었다. 또한 트루먼은 강력한 국가의 지도자로서 다양한 방안 가운데 거의 필연적인 승리를 택함으로써 미래의 분쟁에 선례를 남겨놓았다. 그런데도 직감적으로는 트루먼보다 밀로셰비

해리 트루먼(위)은 1945년 히로시마와 나가사키에 원자폭탄을 투하해 수십만
명의 목숨을 빼앗았고, 슬로보단 밀로셰비치(아래)는 보스니아와 코소보 일부
지역에서 인종 학살을 기획하여 수많은 사람을 죽였다.

치와 그의 행동이 더 악하게 보인다. 이렇게 우리는 더 나쁘지만 덜 악한 행동이 있다는 사실을 확인하게 된다.

극적 측면이 훨씬 덜한 사례들에서도 똑같은 주장을 할 수 있다. 앞 절에서 다룬 무능한 기아 구호 관리자, 호의를 베푸는 유아 유괴범, 냉혈한 경영자의 세 가지 사례가 그러하다. 각 사례의 주인공은 대부분의 강간범, 연쇄살인범, 테러리스트보다 더 해를 끼친다. 그들은 자신의 행동이 어떤 결과를 초래할지 알고 있었거나 알았어야 했다. 그들 모두는 각자의 행동에 대해 책임이 있으며 비난받아 마땅하다. 그러나 비난은 단순하고 일차원적인 일이 아니다. 잘못의 종류에 따라 그에 맞는 비난이 있다. 그 행동들이 잘못되었고 다수의 악한 행동들보다 더 해롭다 할지라도 악하다고 비난하지는 않는다.

악은 왜 이해하기 어려운가

왜 악과 잘못을 구분하는가? 왜 둘 사이의 차이가 중요한가? 악과 잘못을 구별하는 이유 중 하나는 악과 잘못이 각기 다른 반응을 불러오기 때문이다. 어리석은 것과 잘못된 것의 차이를 비교해보라. 임신한 상태에서 흡연하는 것은 자기 이외의 누군가에게 해를 줄 수 있기에 잘못된 행동이고, 다른 사람이 없는 가운데 혼자 흡연하는 것은 바로 자기 자신이 해를 입기 때문에 어리석은 행동이다. 어리석은 사람에게는 설득이 적절한 반응인 반면에, 잘못에는 종종 물리적 개입이 적절한 반응이 되기도 한다. 어리석은 사람에게는 우리의 생각을 알려주지만, 잘못에 대해서는 그것을 막기 위한 조치를 취한다.

그렇다면 악과 잘못에는 각각 어떠한 반응이 적합할까? 우리는 악을 끔찍해하고 섬뜩해하며 그에 격분하지만, 잘못에는 화를 내거나 환멸 또는 슬픔을 느낀다. 하지만 이는 대략적인 지표일 뿐이다. 즉 무능한 기아 구호 관리자 때문에 끔찍해할 수도 있고, 부도덕한 경영자 때문에 섬뜩해할 수도 있으며, 호의를 베푸는 유아 유괴범 때문에 격분할 수도 있다. 악에 대한 반응과 악하지 않은 잘못에 대한 반응의 차이는 악한 동기를 갖는 경우를 상상해보려는 우리 의지의 차이에서 결정된다. 당신이 그 무능한 기아 구호 관리자의 친구라고 가정해보자. 당신은 그가 어째서 굶주린 사람들의 고통을 완화하는 일에 헌신적으로 임하면서도 종종 일을 망쳐버리는지를 이해해보려 한다. 그를 더 많이 알아가고 그의 처지에서 생각을 하다보면, 마침내 그가 생각하는 방식도 알아차리게 된다. 당신은 그의 방식대로 문제를 풀어가면서 어디에서 그의 의지가 미끄러지는지, 어디에서 주의가 산만해지는지를 파악하게 된다. 이렇게 한다고 해서 당신이 그와 더 비슷해지는 것은 아니다. 오히려 그의 실수를 피할 수 있으므로 그와 덜 비슷해질 수 있다. 이 경우를 연쇄살인범이나 강간범을 이해하려는 경우와 비교해보자. 이때 당신은 한 개체로서의 타인에 대한 존중감이 없는 상태를, 그리고 그 존중감을 부정하는 데서 오는 쾌감을 상상 속에서 미리 겪어보아야 할 것이다. 그

곳은 들어가는 것조차 두려운 세계다. 상상을 통해 그 세계에 들어감으로써 당신은 어쩌면 그 사람과 더 비슷해질 수도 있다. 또는 직감적으로 그렇게 느낀다.

우리는 혐오스러운 행동을 이해하는 데 종종 어려움을 느낀다. 베른하르트 슐링크의 소설 『책 읽어주는 남자』The Reader (1995)는 사랑과 이해, 도덕적 판단 사이의 연결 관계를 탐색한다. 소설의 화자는 자신이 사랑한 사람이 나치의 수용소 경비원이었으며, 끔찍한 일에 가담했었다는 사실을 뒤늦게 알게 된다. 그는 이렇게 말한다.

『책 읽어주는 남자』는 독일의 전쟁 범죄에 대한 전후 세대의 도덕적 판단과 이해 가능성을 비극적 사랑의 알레고리로 형상화한다. 소설을 각색한 영화의 한 장면.

나는 한나의 범죄를 이해하고 싶었고, 그와 동시에 유죄판결을 내리고 싶었다. 하지만 그러기에는 너무나 끔찍한 범죄였다. 그녀를 이해하려 하면 유죄판결을 제대로 내리지 않은 듯 느껴졌다. 유죄판결을 제대로 내리면 이해의 여지는 없었다. 비록 내가 한나를 이해하길 원했다 해도 결국 이해에 실패하고 만다면 그것은 또다시 그녀를 배신하는 것이었다. 나는 이 문제를 해결할 수 없었다. 나는 이해와 유죄판결이라는 두 가지 과제를 모두 해내고 싶었다. 그러나 그 둘을 동시에 수행한다는 것은 불가능했다.

그의 사랑은 진실을 이겨내지 못한다. 또는 진실에 의해 외면된다. 그는 하나의 과거 행동을 설명해줄 수 있는 몇 가지 이유들을 알게 된다. 이 사실들을 모아보면 사악함과는 거리가 있는 사람이 왜 그런 일을 저지르는지에 대해 설득력 있는 이야기가 만들어질 수 있다. 그러나 작가는 그 이야기를 들려주지 않는다. 그는 독자 스스로 각자의 이야기를 구성하도록 내버려둔다. 대신에 그는 좀 더 민감한 문제인 화자의 내면적 갈등, 즉 명백히 끔찍한 행동을 비난해야 할 필요성과 가까운 사람의 행동을 동정심을 갖고 설명해야 할 필요성 사이에 일어나는 긴장 상태에 집중한다. 우리는 4장에서 혐오스러운 행동은 정말 이해하기 어려운가라는 문제를 논할 것이다. 일단 지금 중요한 점은 우리가 그런 이해의 노력조차 꺼린다는 것이다.

　　어떤 종류의 동기에 관해 상상하기를 꺼리는 이유를 이해하기 어렵지는 않다. 한 가지 이유는 자아 존중감이다. 다른 사람의 행동을 직관적으로 이해한다는 것은 자기 자신이라면 어떻게 그런 일을 할 수 있을지를 상상하는 것이다. 다시 말해 바로 자신이 그 일을 한다고 상상하는 것이며, 자신을 악으로 상상하는 것과 유사하다. 당신은 자신이 결코 그런 행동을 할 만한 사람이 아니라고 확신할 수 있기를 바란다. 그런 상상이 가능하다는 것조차 알고 싶어 하지 않는다. 이와 반대로, 악하지는 않은 잘못된 행동들에 대한 상상은 어렵지 않다. 흔히 우리는 그런 잘못된 행동을 하는 자신을 상상하면서, 우리의 실제 능력 중 일부가 약화되어 그런 행동을 한다고 생각한다. 이때 우리의 상상은 실제 심리를 괄호에 넣거나 멈춘 채 이루어진다. 그리고 이런 방식은 새로운 요소를 심리에 추가하는 행위, 또는 사용한 적이 없거나 깊숙이 감춰두었던 요소를 활성화하는 행위보다 덜 위협적이다.

악의 동기를 상상하는 것을 꺼리는 좀 더 미묘한 이유는 설명의 사회적 용도와 관련된다. 우리가 다른 사람의 행동을 설명하는 이유 중에는 그의 사고방식을 숙달해 우리 자신에게 적용하려는 목적도 있다. 우리는 다른 사람이 하는 행동의 이유를 설명하면서 자신은 그 행동을 어떻게 하는지 본다. 그리고 그 행동을 어떻게 할지 생각하면서 마음속으로 재연하며 숙달하는 것이다. 따라서 악한 행동을 설명하는 것은 그 행동을 할 수 있는 능력을 미리 연습하는 셈이 된다. 권장할 만한 일은 아니다. 악한 행동을 하는 능력은 되도록 연습을 덜 하는 편이 낫다.

우리가 악을 이해하려는 노력조차 꺼리는 세 번째 이유는 악을 이해함으로써 가해자에 대한 혐오감이 약화될까 두려워한다는 데 있다. 다시 말해서 가해자를 용서할 위험이 있다는 것이다. 나는 거기에 착오가 있다고 생각한다. 사실 대부분의 경우 이해와 비난은 전적으로 양립 가능하다. 그렇긴 해도 잘못된 행동의 동기를 고려할수록 그 행동을 덜 비난하게 된다는 심리학적 증거가 있다. 그 주장은 쉽게 이해할 만한데, 악행자에 대한 상상적 거리가 줄어들면 그를 동정할 수도 있다는 것이다.

이러저러한 이유로 우리는 마치 악이 불가사의하고 설명할 수 없는 것인 양 반응한다. 우리 같은 사람이 그런 행동을 한다는 것은 상상 밖의 일이다. 하지만 이것은 악에 대한 정의가 아니다!

악행에는 이해를 가로막는 장벽이 있다는 말이 아니다. 악에 대한 정의는 악과 잘못을 구별하는 점이 무엇인지 설명해줄 수 있어야 한다. 이 구별을 명확히 해야만 하는 한 가지 이유는 악행의 이유를 직관적으로 파악하려 하면 다른 문제들에 마주친다는 데 있다. 타인의 행동에 대한 직관적 이해는 그 사람과의 교감에 이르기도 하므로 우리는 악행자들에게 어떻게 반응해야 할지 당혹스러워 하기도 한다. 그들을 어떻게 대해야 할지 모르는 것이다.

악의 형상 또는 악마의 이미지

악한 행동을 쉽게 상상할 수 있는 동기들로 설명하는 것이 꺼려진다면, 이국적이거나 초자연적인 동기들에 의거한 설명 방식에 끌릴 수도 있다. 사실 악마의 매혹적인 힘보다 더 그럴듯하게 악을 설명할 방법이 있겠는가? 악마는 어떤 인간도 따라갈 수 없는 설득력을 가지며, 인간의 정신으로는 그 힘이 어떻게 작동하는지 상상할 수도 없다. 게다가 악마의 목적은 전적으로 선의 힘과 대립하는 것이다. 거의 모든 잘못된 행동이 악마의 영향이라는 표현으로 설명될 수 있으며, 특히 우리에게 **친숙한 표현**으로는 설명할 수 없거나 설명하기를 원치 않는 행동을 이해하는 데는 무엇보다도 적당하다.

악에 대한 악마적 이미지에는 투박한 형태와 정교한 형태가 있다. 투박한 이미지 형태는 단지 선한 것에 대립하는 힘의 영역을 암시할 뿐 그 동기에 대해서는 거의 알려주지 않는다. 이 힘들을 상상하는 가장 쉬운 방법은 악령, 좀비, 뱀파이어 등의 신화를 통하는 것이다. 이러한 신화적 유형들에는 제각기 특성이 있지만, 더 중요한 점은 그들 사이의 유사성이다. 그들은 저마다 인간에게 영향을 끼쳐 수하로 부리거나 일원으로 합류시킬 수 있고, 말할 수 없을 정도로 끔찍한 무언가를 갈망하며, 공포와 혐오를 일으킨다. 이를 가장 선명히 형상화한 사례로 〈뱀파이어 해결사〉Buffy the Vampire Slayer를 들 수 있다. 이 텔레비전 시리즈의 주인공인 버피는 특수한 힘을 발휘해, 종종 인간의 모습을 하고서 평화로운 미국 중부 도시 주민들의 삶에 공포를 가져오려 하는 끔찍하고 혐오스러운 초자연적 악의 세력에 맞서 싸운다. 그 세력은 때때로 성 또는 증오의 힘을 분명히 대변하기도 하지만, 그들의 목표는 정상적 인간이 가질 수 있는 동기를 훨씬 넘어선다. 사실 우리는 그들이 인간의 삶에서 선한 요소들을 파괴하고 인간을 지배하려 한다는 것 말고 다른 동기를 파악할 수 없다.

현대의 신화는 되살아난 시체와 악령 들린 자보다 훨씬 더 불가해한 행위자를 제시하는데, 그것은 바로 기계다. 공상과학 소설의 전형적인 주제 중 하나는 기계가 지배하는 세계에서 벌이는 인간의 투쟁이다. 〈터미네이터〉 시리즈와 〈매트릭스〉 3부작 같은 영화에서 인간은 지구를 지배하는 기계에 맞서 투쟁한다. 인간은 기계의 '심리'를 전혀 짐작할 수 없고, 단지 그것이 인류를 절멸 또는 종속시키려 한다는 것만 알 뿐이다. 흥미롭게도 〈터미네이터〉와 〈매트릭스〉에는 기계의 행동이 심리적으로 관

영화 〈매트릭스〉의 '요원'들은 인간의 외양을 하고 있다.
악에 대한 환상은 반쪽짜리 인간성이라도 통해야 비로소 가능하다.

심을 끌도록 혼성적 창조물, 즉 인간적 특성들을 지닌 기계 또는
컴퓨터 프로그램이 등장한다. 〈터미네이터〉에서 슈워제네거가
맡은 역할들은 인간의 모습으로 인간과 유사한 동기를 가진 로
봇이다. 그들은 좀비와 비슷하다. 〈매트릭스〉에서 매트릭스 컴퓨
터의 '요원'들은 인간의 외양을 한 채 인간들과 교류하며 이들의
경험을 통제하지만, 실제로는 인간과 유사한 특징을 갖는 메인
프로그램의 서브루틴이다. 그들은 외계의 힘에 사로잡힌 인간과
유사하다. 여기서 흥미로운 사실은 궁극적인 악이 기술적이든
형이상학적이든 우리의 환상은 반쪽짜리 인간성을 통해서라도
약간의 이해 가능성을 필요로 하며, 그래야만 우리의 관심이 지
속될 수 있다는 점이다.

　　이미지의 좀 더 정교한 형태를 살펴보기 위해서 악마라는

행위자의 불가해한 동기부터 고려해보자. 악마는 어떤 특정한 이로움을 추구하는 욕망에 따라 움직이는 것 같지는 않다. 쾌락이나 부 또는 업적은 그의 목적이 아니다. 인간 행위자가 숱하게 저지르는 끔찍한 행동에서도 마찬가지다. 그들은 마치 잘못 자체를 목적한 듯이 보인다. 우리는 당혹스럽다. 도대체 왜 어떤 이로운 것, 최소한 자기에게만이라도 이로운 것을 바라지도 않은 채 잘못을 저지르는가? 이 수수께끼에 대한 가장 심오하고 영향력 있는 성찰 가운데 하나는 로마 제국 말기에 쓰인 성 아우구스티누스의 글이다. 아우구스티누스는 『고백록』Confessions에서, 오로지 잘못 자체를 위해 저질러진 무의미한 잘못에 대해 숙고하며 그 자신이 어렸을 때 남의 배나무에 열린 배를 훔쳤던 일을 중요한 예로 제시한다. 현대 독자들은 아우구스티누스가 그렇게 비교적 사소한 일을 중요한 죄악의 예로 논의하는 점을 의아해하기도 한다. 그러나 아우구스티누스는 죄의 본질이 야망이나 욕망에 의한 행동보다는 무의미한 사소한 범죄에서 더 뚜렷이 드러난다고 생각한다. 인간은 종종 자신의 이익을 위해서가 아니라 뿌리 깊은 사악함 때문에 잘못을 저지른다는 것이다. 참으로 설명하기 어려운 문제다. 그가 묻듯이 "누가 이 복잡하게 뒤얽힌 매듭을 풀 수 있겠는가?"

아우구스티누스는 『고백록』과 말년 작품인 『신국론』The City of God에서 그에 대한 설명을 제시한다. 잘못 자체를 위해 잘못을 하려는 욕망은 선한 것, 즉 신의 의지에 대립하려는 욕망이다. 이러한 동기의 모델이 되는 것은 신과 동등한 자리를 탐하다가 천국에서 추방된 사탄의 이야기다. 사탄의 목표는 완전한 독립으로 자신의 자율적 의지만을 따르는 것, 즉 옳고 그름을 스스로 결정하는 것이다. 악한 사람은 사탄같이 신처럼 행동하고 싶어 한다.

그렇지만 여전히 모호함과 의문점들이 남는다. 신과 같아지려는 욕망이 악한 행동을 설명해주는가? 악한 행동은 근본적으로 신과 같아지려는 욕망, 또는 자신의 원칙을 스스로 만들어가겠다는 욕망인가? 인간의 악마적 성향 때문에, 또는 실재하는 악마의 영향 때문에 인간은 악한 행동을 하는가? 아우구스티누스가 이 질문들 모두에 답하는 것은 아니다. 다만 마지막 질문에 대해서만큼은 확실한 태도를 취한다. 많은 기독교 신학자들과 마찬가지로 그는 선의 힘이 그에 대립하는 세속의 힘에 맞서 싸우고 있다는 확신과 신의 권능은 비교 불가능한 궁극의 힘이라는 믿음 사이에서 힘겹게 씨름했다. 마니교●의 세계관에서 세상은 선과 악이 거의 대등한 힘으로 맞서 싸우는 곳인데, 이는 기독교적 관점에서 이단적 사상이었고 아우구스티누스 역시 그에 대항해 싸웠다. 그 무엇도 신에 비견될 수 없다. 대부분 신학자들은 악마의 존재를 부인한다. 그리하여 아우구스티누스는 악이 생겨나는 이유가 신에 대적하는 힘의 영향 때문이 아니라, 인간의 영혼이 신을 외면하기 때문이라고 결론짓는다. "악한 의지를 만드는 능동적 원인을 찾지 말라. 능동적인 무엇이 아니라 결핍이 그 원인이다." 만약 아우구스티누스가 〈뱀파이어 해결사〉 시리즈를 봤다면, 거기 등장하는 악한 캐릭터들은 실재하는 왜곡된 힘의 영향 아래 행동하는 존재가 아니라 그저 환영일 뿐이거나 신을

46

● 3세기경 예언자 마니가 페르시아에서 창시한 종교로, 선과 악의 이원론적 세계관을 특징으로 한다.

외면해 벌 받은 가련한 존재라고 여겼을 것이다. (그중에서도 주인공 버피의 남자 친구이자 적인 에인절은 악마 이론의 흥미로운 사례다. 그는 인간의 감정과 욕망을 가졌지만 아직 악에서 빠져나오지 못하고 있다.)

그런데 악에 대한 기독교적 설명은 매우 기본적이면서도 골치 아픈 질문에 맞닥뜨린다. 악이 쾌락, 사랑, 성공 같은 욕구의 대상에 이끌려 생겨난다는 세속적 설명을 거부하고, 다른 한편으로 악이 신과 겨룰 만한 어떤 반신反神의 유혹에서 나온다는 악마적 관점의 설명도 거부한다면, 우리는 인간이 신을 외면할 수 있는 가능성에서 악을 찾아야 한다. 그렇다면 인간은 왜 신을 외면하는가? 이에 대한 아우구스티누스의 답은 아주 명확하지는 않다. 그는 이 문제가 어느 정도는 인간의 완전한 이해를 넘어서는 불가사의에 가깝다고 생각한다. 그가 보기에는 인간 자유의 불가해한 본질과 관련된 문제임이 분명했다. 신은 인간에게 자유로이 신을 외면할 수 있는 능력을 주었을 뿐만 아니라 어느 쪽을 향하든 자유를 행사하는 데서 기쁨을 누리는 성향도 부여했다. 그래서 인간은 신과 대등한 지위에서 맞선다는 생각에 현혹되기 마련이다. 그런데 신은 왜 그랬을까?

그 답이 무엇이든, 인간이 자유 자체를 위해 선택의 자유를 행사한다는 사실과 악 사이에 관련이 있다는 시각은 상당히 매력적이다. 이야기를 하나 떠올려보자. 끔찍한 질병이 나라 전체를 황폐화하고 있다. 감염된 사람들은 특별한 격리 수용소들로 보내지는데 그곳의 사망률은 매우 높다. 그중 한 수용소의 의사는 한정된 수량의 치료제를 배분하는 데 절대적 권한을 갖고 있다. 그는 순전히 자의적 기준에 따라 약 받을 사람을 결정하는 일을 즐긴다. "당신은 눈썹이 짙으니까 죽게 내버려두겠어." "당신은 내가 좋아하는 여배우와 이름이 같으니까 치료제를 주지." 그가 이 상황에서 즐기는 것은 결정권자가 자신이고 전적으로 자기만의 이유로 결정한다는 점이다.

이 의사에게서 혐오스러운 점은 무엇일까? 그는 증오나 타인을 고통스럽게 만드는 데서 오는 쾌락에서 행동하지는 않는다. 그는 생명을 구하기 위해 행동한다. 우리가 그를 악하다고 생각하는 이유는 그가 아무런 제약 없이 다른 사람의 삶과 죽음을 결정하는 일에서 오만한 즐거움을 누린다는 데 있을 것이다. 한 사람의 변덕에 좌우되기보다는 주사위를 던져 결정하는 편이 더 나으며, 그런 변덕스런 권력에서 기쁨을 느낀다는 것은 인간성의 한계를 벗어나는 일이다. 이 같은 인격이 주는 공포는 콜럼바인 총격 사건*을 벌인 10대 청소년 중 한 명이 그랬듯이, 살인자가 도망칠 곳 없는 피해자들을 쫓아다니며 누구를 쏘고 누구를 살릴지 충동적으로 결정하는 상황의 공포와 같다. 그런 인격의 좀 더 일상적인 인물 유형으로 단지 권력 획득이라는 동기에서, 즉 다른 사람들을 지배하고 원하는 무엇이든 가질 수 있는 권한을 누리고자 거대 기업을 키우는 거물 기업인을 들 수 있다. 대형 사기극의 묘미는 추가로 벌어들인 수백만 달러가 아니라 단순히 그 일을 해낼 수 있었다는 데 있을 것이다. 또 다른 일상적 유형으로는 사랑이나 돈 또는 섹스를 위해서가 아니라 상대를 마음대

• 1999년 미국 콜로라도 주 콜럼바인 고등학교에서 일어난 총기 난사 사건. 이 학교의 학생 두 명이 무차별 사격으로 학생 열두 명과 교사 한 명을 살해한 후 자살했다.

로 조종했다는 사실에서 권력과 지배력을 맛보기 위해 성적 피해자를 농락하는 유혹자가 있다. 이를 극단적으로 표상한 허구적 인물로는『위험한 관계』Les Liaisons dangereuses◆(최소한 세 가지의 영화 버전이 있다)의 발몽이 있다. 그의 약탈적 유혹 능력은 다만 자신의 치밀한 계획성을 발휘하는 계기에 지나지 않는다.

인간을 유혹하는 불가사의한 힘?

악이 인간을 부추기고 유혹하는 방식을 보여주는 모델 중에는 악에 대한 악마적 이미지와 관련된 것이 있다. 에덴동산 이야기가 이를 말해준다. 뱀이 이브를 유혹하고 뒤이어 이브가 아담을 유혹하기 전까지 인간은 순결한 존재였다. 여기에는 인간이 잘못을 저지르는 이유를 설명하는 데 그 근본적 요인을 인간 외부에서 찾아야 한다는 생각이 담겨 있다. 우리가 온전히 이해할 수는 없는 이유에서 나쁜 것을 추구하는 외부의 힘이 존재하며, 그힘이 인간의 선택에 영향을 미친다. 이 모델에 따르면, 우리는 단지 특정한 행동을 하도록 동기를 부여받는 것이 아니라 우리가그렇게 행동하길 바라는 누군가에게 복종하도록 동기를 부여받는다. 그 이미지는 내가 보기에 다분히 성적인 특성을 띤다. 그것은 지배받고자 하는 욕망, 혐오스러운 행위를 하도록 강제되고자 하는 욕망의 이미지다. 우리가 복종하는 힘은 초자연적 힘이거나, 다른 사람 또는 우리 자신의 잠재적 충동일 수도 있다.

◆　프랑스 작가 피에르 쇼데를로 드 라클로가 1782년 발표한 서간체 소설.　**49**

〈스타워즈〉의 다스베이더는 신화적인 '어둠의 힘'을 상징한다. 그것은 혐오스럽지만 동시에 복종하고 싶은 강한 충동을 느끼게 한다.

　　현대 신화의 두 가지 이미지가 그 모델을 보여준다. 많은 이야기에서 뱀파이어는 당신의 집 문 앞이나 창밖에 나타날 수 있지만, 당신이 요청하기 전까지는 안으로 들어올 수 없다. 물론 당신은 피를 빨리고 싶지 않겠지만 이야기에서는 뱀파이어를 안으로 들이려는 끔찍한 욕구를 느낀다. 영화 〈스타워즈〉에서 뱀파이어형 인물인 다스베이더가 전형적으로 보여주는 어둠의 힘과 뱀파이어를 비교해보라. 다스베이더는 루크 스카이워커에게 자신처럼 "어둠의 편으로 오라"고 충동질한다. 스카이워커뿐만 아니라 다스베이더와 가까운 관계인 사람은 누구나 그 대상을 혐오하면서도 복종하고 싶은 강한 충동을 느낀다. 스카이워커와 다스베이더가 벌이는 광선검 대결 장면은 유혹에 맞선 의지의 투쟁을 표상한다.

여기에는 하나의 심리적 진실과 함께 매우 의심스러운 측면이 공존한다. 그 진실은 우리가 하도록 떠밀리는 행동에 대해서 그 행동을 하려는 욕구는 상상하기 어렵더라도, 바로 그 순간에도 그 행동을 하도록 떠밀리는 것을 바라는 욕구, 영향을 받거나 조종당하기를 바라는 욕구는 충분히 상상할 수 있다는 것이다. 반면에 의심스러운 측면은 이러한 심리적 진실을 악한 동기 전체에 적용 가능한 표준적 설명으로 간주할 때 드러난다. 분명 일부 경우에는 어떤 외부적 힘에 유혹되고 싶어 하는 자발적 의지가 악한 행동에 대한 **부분적** 설명이 될 수 있다. 그러나 오직 한 종류의 자발성, 즉 어둠의 힘으로 표현된 악 자체에 대한 개방성만이 존재한다는 가정은 악한 동기들이 서로 차이를 드러내는 방식들 전부를 외면한다. 우리는 이 방식들에 대해 2장과 3장에서 살펴볼 것이다.

이 유혹 모델이 문화적으로 영향력을 발휘하는 데는 두 가지 이유가 있는 것 같다. 그중 하나는 성적 억압의 역사와 관련된다. 타인의 조종을 받으려는 욕망은 분명히 존재하고 실현되어 왔는데도, 전통적으로 많은 사람들은 그 욕망을 인정할 수 없었다. 유혹자의 힘은 피해자가 무언가를 원하면서도 그 정체를 모르고 있다는 데서 생겨난다. 피해자는 유혹자에게 복종함으로써 욕망의 대상이 무엇인지 알 필요도 없이 자신의 욕망을 충족시킬 수 있게 되는 것이다. 하지만 그 가운데 피해자는 통제력을 잃고 만다. 피해자가 자신이 원하는 것을 더 잘 알았다면, 유혹자가 이끄는 대로 행동하지 않았을지도 모른다. 또 다른 이유는 반항에 대한 보편적 이끌림이다. 누구도 지배받기를 바라지 않으며, 무언가 하라는 명령을 받고 싶어 하지도 않는다. 그래서 어떤 반대 이유가 있더라도 자신이 원하는 것을 하겠다는 생각에 자연적으로 이끌리는 것이다.

이 두 가지 측면은 혼합되어 있는 경우가 많다. 문학에서는 성적인 힘을 이용해 남자들로 하여금 성과 관련 없는 잘못을 저지르게 하는 여자들이 자주 등장한다. 이브를 비롯해 맥베스 부인[*], 그리고 구로사와 아키라 감독의 〈란〉亂(1985)에 나오는 스에[◆]도 떠올릴 수 있다. 실제 삶에서 유혹은 악에 이르는 길이 되기도 한다. 하나의 경계선을 넘으면 다른 경계선은 더 쉽게 넘을 수 있는 법이다. 그런데 악에 대한 이 같은 접근 방식은 하나의 딜레마에 직면하게 된다는 큰 문제가 있다. 이런 접근 방식은 자유나 쾌락에 대한 인간의 몇몇 기본적 욕망들이 본질적으로 잘못된 것이라고 단언할 수도 있는데, 그 욕망들 자체에는 선한 측면이 있으므로 그런 관점은 도덕적으로 받아들일 수 없다. 그렇다면 자유나 쾌락에 대한 욕망을 이용해 우리를 악으로 끌어들이는 어떤 힘을 가정해야 한다. 하지만 이는 논의의 출발점으로 되돌아가 불가사의를 다루는 일이 된다. 나는 이 두 가지 방안 모두가 우리의 대안은 아니라고 확신한다. 본질적으로 나쁜 인간이나 인간을 유혹하는 불가사의한 힘 등을 가정하는 식으로 악을 설명하게 되는 것은 우리가 잘못된 방향에서 악을 이해하려 하기 때문이다. 악행자들의 욕망에 주목하는 것도 실수다. 일반적으로 악행자들의 욕망은 다른 사람들의 욕망과 유사하다. 그 대

- 셰익스피어의 『맥베스』에 나오는 인물. 남편이 왕이 된다는 예언을 듣고 남편을 부추기는 역할을 한다.
- 〈란〉은 셰익스피어의 『리어왕』을 일본의 전국시대를 배경으로 재해석한 영화다. 저자는 '카에데'를 '스에'와 혼동한 듯하다.

신에 우리는 악행자들의 욕망이 행동으로 전환되는 방식을 고려해야 한다. 이 문제는 2장에서 다룰 것이다.

욕망을 실현하는 방법보다 욕망 자체에, 동기부여보다 동기 자체에 초점을 맞추는 중대한 실수는 청교도적 금욕으로 이어질 수 있다. 그것은 또한 청교도주의의 정반대 쌍둥이로 이어지기도 한다. 이는 인간의 고상함을 깨닫고 니체처럼 "우리 고상한 인간들, 우리 선하고 아름답고 행복한 인간들"이라고 말할 수 있으려면, 니체가 말하듯 "위험성……에 맞춰 행동을 조절하라는 조언"은 "어리석음, 어리석음, 어리석음이 더해진 신중함, 신중함"에 지나지 않는다고 말할 수 있어야 한다는 생각이다. 이것은 잠금 장치의 작동 방식을 모른 채 청교도적 감옥의 철창을 부수고 싶어 하는 사람의 절망적 외침이다.

악의 정확한 이미지

나는 이 책 전반에 걸쳐서 정상적인 일상 행동과 극단적인 악한 행동 사이의 연속성에 대해 논할 것이다. 악은 그렇게 예외적이지 않은 동시에 매우 독특하다는 것이 나의 주장이다. 심각하게 잘못된 행동을 모두 악하다고 간주해서는 안 된다. 내가 생각하는 악의 의미가 무엇인지, 또한 악이 어떻게 보통 상태에서 끔찍한 상태로 변모해가는지 논의 단계에 따라 조심스럽게 밝혀나갈 것이다. 특정한 단계에 이르면 감정적 반응과 파악 가능한 이미지에 대해서도 논하려 한다. 왜냐하면 이 이미지는 내가 말하는 악의 개념이 실제로 악이라는 이름의 반향을 제대로 담아내는 지, 그리고 내가 기술하는 연속성이 과연 악의 동기와 그에 대한 판단에서 새로운 사고방식을 제시할 수 있는지를 가늠하기 위해 꼭 필요한 부분이기 때문이다.

다른 방식의 논증도 가능한데, 이 논증은 심리학과 철학의 일반적 동향과 관련된다. 이 동향이란 감정에 대한 오래된 표상, 즉 감정은 통제 불가능하고 비이성적인 요소로서 성공적 삶을 추구하는 데 방해가 될 뿐이라는 낡은 관점과 단절하고 감정에 대한 새로운 말하기 방식을 찾으려는 노력을 가리킨다. 철학분야에서는 특정한 상황에서 어떤 감정이 가장 타당한가를 논하는 감정의 합리성에 대한 토론이 활발하다. 한편 심리학에서는 상황이 요구하는 감정을 느낄 수 있는 능력인 감성 지능의 개념을 제시한다. 이러한 감정의 합리성과 감성 지능의 배경에는 우리가 접하는 대부분의 상황에 대해 적절한 반응을 표출할 수 있도록 다양한 감정을 지녀야 한다는 생각이 놓여 있다. 악을 논의하면서 내가 관심을 기울이는 감정들은 격분, 공포, 분노, 그리고 화해와 절망이다. 나의 논의는 인간 행동의 끔찍함을 받아들일 수 있는 감정을 찾는 연구의 일환이라 할 수 있다.

그런데 감정들에 대한 명확한 표현을 찾으면서 수정을 가하려는 시도가 맞닥뜨리는 난관이 하나 있다. 우리의 감정은 이미지, 정형화된 생각, 단순한 행동 계획 등의 형태로 유통되는데, 이들은 완고하고 보수적이어서 쉽게 변화하지 않으며 때로는 원시적이기도 한 전통적 사고방식을 구현하려는 경향을 띤다. 악의 경우에는 사악한 잔인함과 심각하게 그릇된 나쁨에 전념한다는 이미지가 있다. 이러한 이미지들이 일상 행동과 악한 행동 사이의 연속성을 추적하는 데 장애물로 버티고 선 것이다. 오직 극단적인 경우에만 적용될 수 있는 이미지들이지만, 그렇다고 해서 마냥 무시할 수는 없다. 이 이미지들을 무시한다면, 잔혹성에 대한 감정적 반응의 범위를 논하는 매우 중요한 부분에서 나의 주장에 힘이 실릴 수 없기 때문이다. 따라서 나는 이 책 전반에 걸쳐 대중적인 악의 이미지, 그중에서도 특히 소설이나 영화에 나오는 이미지에 상당한 주의를 기울일 것이다.

(동료 철학자들에게 알림. 여러분은 명석함과 예리함을 마음먹은 만큼 보여줄 수 있다 해도 유용한 이미지와 단순한 이야기 구조, 매력적인 표지를 제공하지 않으면 많은 사람들이 생각하는 방식을 바꿀 수 없을 겁니다.)

이 첫 번째 장을 끝맺으면서 나는 악의 이미지가 잔혹성 자체와 상호작용하는 두 방식을 추가로 언급할 것이다. 앞에서 나는 악 개념의 위험한 자기 충족적 특성을 기술했다. 그것은 다른 사람의 인간성에 대한 인식을 멈춤으로써 그에게 악의 표지를 붙이는 상황을 가리킨다. 우려스럽게도 악에 대한 악마적 이미지는 이런 역할에 꼭 알맞다.

그보다 더 우려스러운 점은 악마적 이미지가 상호간 악이라는 표지 붙이기를 가능케 한다는 것이다. 누군가를 이해할 가능성이 없다면 그 사람과 복잡한 상호작용을 시작할 계기도 훨씬 줄어든다. 우리는 수수께끼처럼 전혀 이해할 수 없는 사람과는 진지한 일을 하지 않는다. 그렇게 스스로를 보호하도록 행동함으로써 손해 가능성을 최소화한다. 그래서 우리는 우리 자신의 동기를 되도록 드러내지 않으려 하고, 상대방은 우리가 비협조적이고 이해하기 어렵다고 생각하게 된다. 적대적인 인종 집단들의 경우도 마찬가지다. 각 집단의 구성원들은 자기 집단에 속한 사람에게는 자신의 바람과 생각이 명확히 전달되도록 행동하지만, 다른 집단의 사람에게는 자신의 의견을 감추려 한다. 그래서 그 각각의 집단은 상대 집단을 이해하기 어렵다고 생각한다. 그리하여 마침내 그 집단들은 전부 이해하기 어려운 집단이 될 것이다. 왜냐하면 제각기 상대가 자신들을 이해하지 않으리라고 확신하기 때문이다.

악마적 이미지가 악 자체로 이어지는 또 다른 방식이 있다. 악을 행하는 것 자체의 매력을 이해하기는 매우 어렵다 하더라도 악의 이미지의 매력은 훨씬 더 이해하기 쉽다. 일정 기간에 걸쳐 많은 살인을 저지른 사람들은 항상 있었지만, 오늘날에는 영화와 소설 속 이미지를 의식해 그 묘사에 부합하는 사람은 누구나 자신을 연쇄살인범이라 생각한다. 여기서 우리는 악의 표지에 부합하는 삶을 살아가는 것이 누군가의 은밀한 욕구를 충족시키기도 한다는 점을 깨닫는다.

같은 방식으로, 자신이 악하다고 여기는 사람을 존경하고 모방하는 경우가 있다. 이때 그 대상의 심리를 전혀 이해하지 못한다는 사실은 문제가 되지 않는다. 누군가는 악마를 숭배하거나 히틀러를 존경할 수도 있다. 그 이미지에 수반되는 대상에 대한 심리적 이해가 현실성을 상실하는 만큼 이미지의 역할은 더욱 강화된다. 반대로 이미지가 현실적으로 상상 가능한 인격을 더 충실히 재현할수록 이미지와 자신을 동일시하는 일은 더욱 어려워진다. 실제 그와 인격이 동일한 경우를 제외한다면 말이다. 만일 그 이미지가 완벽히 현실과 일치한다면, 그에 맞춰 살고자 할 필요가 없을 것이다.

물론 악의 모델을 모방하는 동기들은 대부분 복합적이다. 사담 후세인이 스탈린을 숭배했던 이유 중 하나는 경쟁자를 숙청하고 국민을 완벽히 통제한 스탈린의 통치 전략에 대한 경외심 때문이었다. 그러나 후세인은 이런 생각도 품고 있었다. "이 사람은 이해할 수 없는 방식으로 자신을 아는 모든 사람에게 두려움을 안겼다. 내가 그를 모델로 삼는다면 나도 그렇게 할 수 있을 것이다." 악마가 존재하지 않을지라도 악마에 대한 사람들의 믿음은 악으로 향하는 강력한 힘이 될 수 있다.

악에 대한 더 명확한 사고가 우리의 목표라고 한다면, 우리는 악한 동기에 대해 심리적으로 정확하고 도덕적으로 유익한 이미지를 찾아야 한다. 부정확한 이미지는 중대하고 끔찍한 사건들의 원인을 오해하게 하며, 우리 자신이 가진 악의 잠재력을 과소평가하게 할 수도 있다. 도덕적으로 무익한 이미지의 폐해는 다른 무엇보다도 그 이미지가 나타내는 잔혹한 현상 자체를 지속시킨다는 점이다. 한편 너무 쉽게 이해되는 이미지는 악한 동기를 평범하게 만들어 도덕적 비난을 약화할 위험이 있다. 우리

57

는 악의 다름에 대하여 의식하고 있어야 한다. 다시 말해서 악한 행동은 우리의 일상 행위와 다른 무엇에서, 그뿐만 아니라 도덕적으로 불완전한 대부분의 일상 행위들과도 다른 무엇에서 생겨난다는 사실을 기억해야 한다. 우리에게 필요한 것은 그 특별한 종류의 다름을 정확히 표현해주는 이미지다.

주

서론

20세기의 참사에 대해서는 마틴 길버트Martin Gilbert의 『홀로코스트』
Holocaust(NY: Holt, Rinehart & Winston, 1986), 벤 키어넌Ben Kiernan의 『폴
포트 체제: 크메르루주 정권 치하 캄보디아에서의 인종, 권력, 그리고 제노
사이드, 1975~1979년』Pol Pot Regime: race, power and genocide in Cambodia
under the Khmer Rouge 1975-79(New Haven, CT: Yale University Press, 2003),
로미오 달래어Romeo Dallaire의 『악마와 손잡다: 르완다에서의 인간성의
실패』Shake Hands with the Devil: the failure of humanity in Rwanda(Toron-
to: Random House Canada, 2003), 조너선 글로버Jonathan Glover의 『휴머니
티: 20세기의 폭력과 새로운 도덕』Humanity: a moral history of the twentieth
century(New Haven, CT: Yale University Press, 2001)•을 참고할 수 있다. 20
세기가 유례없이 끔찍한 세기였다는 인상을 완화하는 책으로는 바버라 터
크먼Barbara Tuchman의 『오래전의 거울: 비참한 14세기』Distant Mirror: the
calamitous fourteenth century(New York: Knopf, 1978), 그리고 로버트 젤라
틀리Robert Gellately와 벤 키어넌의 『제노사이드의 유령: 역사적 관점에서
본 집단 학살』Spectre of Genocide: mass murder in historical perspective(New
York: Cambridge University Press, 2003)이 있다.

　'잔혹성'이라는 용어의 사용은 클라우디아 카드Claudia Card의 『잔혹
성 패러다임: 악의 이론』The Atrocity Paradigm: a theory of evil(New York: Ox-
ford University Press, 2002)에서 영향을 받았다. 잔혹성은 악과 동일하지 않
다. 잔혹성은 사건의 속성으로서 고통이나 죽음 또는 모욕으로 드러나는
반면, 악은 행동과 사람들의 특성으로서 대개 잔혹 행위를 야기하는 방식

•　조너선 글로버, 『휴머니티: 20세기의 폭력과 새로운 도덕』, 김선욱·이
양수 옮김, 문예출판사, 2008.

에서 판명된다. 카드는 잔혹성과 악의 관계를 명확히 아는 것이 얼마나 어려운지 보여준다.[*]

칸트를 언급한 부분은 칸트의 책 『이성의 한계 안에서의 종교』Religion within the Limits of Reason Alone(translated by Theodore H. Greene and Hoyt H. Hudson, New York: Harper & Row, 1960)[*]에 나오는 '인간 자연 본성에서의 근본악'에 대한 논의를 염두에 둔 것이다. '근본악'이라는 용어는 오해의 소지가 있다. 이 용어를 통해 칸트가 가리키는 것은 어떤 극단적 악행이 아니라 아무리 사소하더라도 잘못을 저지르게 되는 인간 본성의 불가해한 경향성이다.

'악'이 존재한다는 관념이 위험한 이유

근본적 귀인 오류에 대해서는 리처드 니스벳Richard E. Nisbett과 리 로스 Lee Ross의 『인간과 상황』The Person and the Situation(New York: McGraw-Hill, 1991)을 참조할 수 있다. 인성 개념에 대한 니스벳과 로스의 연구 결과는 길버트 하먼Gilbert Harman의 「도덕철학과 사회심리학의 만남: 덕 윤리학과 근본적 귀인 오류」Moral philosophy meets social psychology: virtue ethics and the fundamental attribution error(Proceedings of the Aristotelian Society, 99, 1999, pp. 315~331)에서 영향을 받았다. 존 도리스John Doris의 『성격의 결여: 인성과 도덕적 행동』Lack of Character: personality and moral behavior(Cambridge: Cambridge University Press, 2002)과 피터 골디Peter Goldie의 『인성에 대하여』On Personality(London: Routledge, 2004)도 참고할 만하다.

악 개념의 위험성에 대해서는 많은 저자들이 지적했다. 예를 들어 로이 바우마이스터Roy C. Baumeister의 『악: 인간의 폭력과 잔인함의 내부』 Evil: inside human violence and cruelty(New York: Freeman, 1997)와 아론 벡 Aaron Beck의 『증오의 포로』Prisoners of Hate(New York: HarperCollins, 1999) 가 그 예들이다. 가해자가 자신이 학대하는 사람을 악으로 간주해야 할

- 저자는 악을 잔혹성의 동기이자 잔혹 행위를 야기하는 방식으로 이해한다. 하지만 한국어판은 '악'과 '잔혹성'을 엄밀히 구별하지 않고, 책의 성격을 더 잘 드러내기 위해 '잔혹함'이라는 말로 두 개념을 결합하여 책 제목을 지었다.
- 임마누엘 칸트, 『이성의 한계 안에서의 종교』, 백종현 옮김, 아카넷, 2011.

필요가 있다는 점을 솔제니친의 『수용소 군도』The Gulag Archipelago(New York: Harper&Row, 1978)는 예시하고 있다. 이 책 5부에서는 수용소 경비병들이 어떻게 재소자들을 비도덕적이고 위험하다고 보게 되는지 묘사된다.

'악'과 '잘못'의 경계

영어 단어 '악'evil과 '잘못'wrong의 차이는 미묘하며, 용어가 사용된 맥락에 많이 좌우된다. 니체가 차이를 구별해 사용한 'schlecht'와 'böse'라는 용어는 흔히 '나쁘다'와 '악하다'로 번역되지만, 사실 'böse'는 '악하다'보다 훨씬 더 광범위한 의미를 갖는다. 오히려 'Übel'이 'böse'보다 '악'에 훨씬 가깝다. 프랑스어 'mal'은 '잘못된/나쁜'이라는 형용사나 '악'의 의미를 지닌 명사로 사용되었고, 'maléfique'는 '악'을 가리키는 형용사로 쓰였다. 후기 라틴어에서는 모든 종류의 잘못을 아우르는 'malus'와 악에 적용되는 'maleficus' 사이에 차이가 나타난다. 'maleficus'는 잘못하는 경향이 있는 행위를 함축한다. 단정적으로 말하지는 않겠지만, 내 생각에 그리스 비극의 인물들은 악하게 여겨지지 않는 것 같다. 유럽 문학의 경우, 단순히 폭력적이거나 악의적인 인물과는 확연히 다른 악한 인물은 세네카 비극에서 처음 등장한다. 고대 중국의 사상에는 악의 개념이 부재했다는 주장도 있다. 로이 페렛Roy W. Perrett의 「악과 인간 본성」Evil and human nature(*The Monist*, 85, 2002, pp. 304~319)과, 브라이언 반 노덴Bryan Van Norden의 「맹자와 아우구스티누스의 악에 대하여」Mencius and Augustine on Evil[in Bo Mou(ed.), *Two Roads to Wisdom? Chinese and analytical philosophical traditions*, Chicago: Open Court, 2001]에서 볼 수 있다. 악 개념은 서양에서 스토아 철학과 기독교가 융성하던 시기에 발생했다는 주장이 타당해 보인다. 그리고 수전 니먼Susan Neiman의 『근대 사상에서의 악』Evil in Modern Thought(Princeton: Princeton University Press, 2002)에서 보여주듯이 악 개념은 유럽 철학의 중심 개념이 된다.

레이먼드 가이타Raimond Gaita의 『공통된 인간성』A Common Humani-ty(London: Routledge, 1998)의 「악덕을 넘어선 악」Evil beyond vice에서는 피해자들이 악의 실제를 쉽사리 믿지 않는 경향에 대한 설명이 제시된다. 가이타는 시몬 베유를 인용하면서 공포에 직면했을 때 인간이 다른 동물과 달리 느끼게 되는 놀라움의 성격을 캐묻는다.

트루먼과 밀로셰비치, 누가 더 나쁘고 악한가

최초의 원자폭탄 투하에 대해서는 바턴 번스타인Barton J. Bernstein(ed.)의 『원자폭탄: 중대한 문제』The Atomic Bomb: the critical issues(Boston: Little, Brown, 1976)와, 데니스 웨인스톡Dennis Wainstock의 『원자폭탄 투하 결정』The Decision to Drop the Atomic Bomb(Westport, CT: Praeger, 1996)을 참조할 수 있다. 최근 연구에서는 당시에 원자폭탄이 부족하지 않았다는 점이 분명히 드러난다. 원자폭탄 투하 시연 후에도 미국에 원자폭탄이 부족하지는 않았을 것이다.

원자폭탄 투하로 얼마나 많은 사람들이 죽었고, 어떤 대안이 실제로 실행 가능했으며, 예측 가능한 장기간의 결과가 무엇이었는가 등의 세부 사항에 빠져 이 절의 요점을 놓쳐서는 안 된다. 그런 점들은 이 책의 논의와 무관하다. 내가 다루는 논점은 실제 인물인 트루먼과 밀로셰비치의 대조가 아니라 타당한 동기에서 나온 도덕적 실책과 끔찍한 동기에서 나온 정확한 판단을 비교하는 것이다. 이 같은 중대한 불일치는 쉽게 일어날 수 있다는 점이 중요하다. 더 쉽게 말해 트루먼은 비교적 중요성이 덜한 보스니아 세르비아계 전쟁범죄자 아르칸이나 역시나 그보다 영향력이 덜했던 악한 정치 지도자 라도반 카라지치보다 더 나쁜 행동을 저질렀다는 것이다.

악은 왜 이해하기 어려운가

인용문은 베른하르트 슐링크Bernhard Schlink의 『책 읽어주는 남자』The

Reader(translated by Carol Brown Janeway, New York: Vintage Books, 1995)●에서 옮겨왔다.

　　설명과 용서에 관련된 자료로는 아서 밀러Arthur G. Miller, 앤 고든 Anne K. Gordon, 에이미 버디Amy M. Buddie의 「악과 잔인함에 대해 설명하기: 설명한다는 것은 용서한다는 것인가?」Accounting for evil and cruelty: Is to explain to condone?(*Personality and Social Psychology Review*, 3, 1999, pp. 254~268)를 참고하면 된다.

　　이 절의 설명은 다른 사람들을 이해하는 데 상상을 통해 모방하기의 중요성을 강조하는 철학자들과 학습된 내적 이론의 중요성을 강조하는 철학자들 사이에서 한쪽만 편드는 것처럼 보일 수도 있다. 그렇지 않다. 철학자들 사이의 이 논의는 무엇이 근원적인가에 대한 것이다. 두 관점 모두 상상함으로써 이해하게 된다는 점에는 동의하지만, 상상에도 선험적 이론이 적용되는가에 관해선 의견이 엇갈린다.

악의 형상 또는 악마의 이미지

치료제 배분에서 절대적 권한을 가진 수용소 의사의 사례는 콜린 맥긴Colin McGinn의 『윤리학, 악, 그리고 허구』Ethics, Evil, and Fiction (Oxford: Oxford University Press, 1997)에 나온 악에 대한 설명의 반례로서 제시한 것이다. 나는 악한 동기를 특징지을 방법이라는 중대한 문제에 대해서는 맥긴의 생각에 동의하지 않는다. 그렇지만 그의 책은 악에 대한 우리의 개념이 대체로 허구적 사례에 기초하고 있다는 통찰을 보여준다. 다만 그는 이 점이 실제 사례를 잘못 기술하게 하는 경향을 가져올 수 있음을 고려하지 않는다. 누군가는 악마의 이미지가 적용될 수 있는 사람에 대해 명확하고 일관된 기술을 제공해주는 대안적 접근에 끌릴 수도 있다. 대니얼 헤이브런 Daniel Haybron은 여러 편의 논문에서 이 점을 탐구했다. 「도덕적 괴물과 성인」Moral monsters and saints(*The Monist*, 85, 2002, pp. 260~284)과, 「성격

●　베른하르트 슐링크, 『책 읽어주는 남자』, 김재혁 옮김, 시공사, 2013.

의 일관성과 악의 성격」Consistency of character and the character of evil(in D. Haybron(ed.), *Earth's Abominations: philosophical studies of evil*, New York: Rodopi, 2002)을 참고할 수 있다. 헤이브런에 따르면, 히틀러는 악하지 않은 인간관계를 가졌기 때문에 악하지 않으며, 텔레비전 시리즈물의 주인공인 토니 소프라노 역시 가족에게 헌신적인 사람이었으므로 악을 나타내지 않는다는 결론에 도달하게 된다.

인간을 유혹하는 불가사의한 힘?

인간의 행위를 신체적 욕구의 합리적 충족이라는 측면에서 이해하는 것과 그보다 더 특수한 동기 구조의 측면에서 이해하는 것의 차이는 매우 크다. 플라톤은 욕망의 충족에 따른 이해가 아니라 동기적 구조에 의한 이해를 지지하게 되는데, 이는 『프로타고라스』와 『공화국』 제9권을 비교할 때 더 두드러진다. 이 대화편에서 플라톤은 보편적이고 전제적인 욕망들을 묘사하면서도 대부분의 사람들은 그들의 성격상 그 욕망들을 따르지 않는다고 말한다. 이 점을 지적해준 에릭 브라운에게 감사를 전한다.

이 절에서 제시한 니체의 인용문은 『선악을 넘어서』의 카우프만 번역본(reprinted in *Basic Writings of Nietzsche*, New York: Modern Library, 1968) 473쪽과 299쪽의 두 구절로 이루어져 있다. 이 책을 쓰면서 나는 『선악을 넘어서』와 한때 감탄했던 『도덕의 계보학』을 다시 읽었는데, 두 권 모두 혐오감을 일으킨다는 점을 깨달았다. 니체에게서 파시즘 원형의 혐의를 벗겨내기 위한 연구가 많이 진행되어왔다. 그 같은 변호가 지적인 측면에서는 옳다. 그러나 20세기의 잔혹 행위에 대한 증언이 담긴 저술을 읽은 다음 바로 니체의 책을 읽어보라. 오싹해질 것이다.

악의 정확한 이미지

최근의 감성 지능 연구에 대한 개관으로는 조지프 키아로치Joseph Ciarrochi, 조지프 포가스Joseph P. Forgas, 존 메이어John D. Mayer의 『정서지능』 Emotional Intelligence in Everyday Life (New York: Psychology Press, 2001)● 을 참고할 수 있다. 감정의 합리성에 대한 고전 문헌으로는 로널드 드 소 사Ronald de Sousa의 『감정의 합리성』The Rationality of Emotion (Cambridge MA: MIT Press, 1987)이 있다. 로널드 드 소사와 애덤 모턴Adam Morton의 「감정의 진실/감정의 정확성」Emotional truth / emotional accuracy (*Proceedings of the Aristotelian Society*, supplementary volume 76, 2002, pp. 247~275) 도 참조할 수 있다.

● 조지프 키아로치 외, 『정서지능』, 박재현 옮김, 시그마프레스, 2005.

악의 장벽 이론

§2

최근 몇십 년간 심리학자들은 사람들을 위험하게 하거나 사회적으로 일탈하게 하는 요인들을 연구해왔으며, 의미 있는 발견을 해냈다. 그 연구를 악의 심리학이라고 표현하면 잘못일 것이다. 그 연구는 한 사람이 얼마나 많은 다른 방법으로 위협일 수 있는지, 또는 위협이 될 수 있는지를 명확히 보여준다. 나는 심리학에 대한 설명부터 시작하려 한다. 그러고 나서 악한 행동을 특징짓는 악의 장벽 이론을 제시할 텐데, 그것은 해로운 행동을 금지하는, 장벽이 지닌 회피 방법을 찾아내는 정신적 과정을 다룬다. 장벽 이론은 철학이다. 장벽 이론은 우리가 직관적으로 악이라고 생각하는 행동의 바탕을 이루는 매우 다양한 동기 유형을 검토하며, 이 유형들의 원인이 아니라 도덕적 판단과 직관적 이해의 측면에서 공통 요인을 찾아낸다.

폭력화의 과정

폭력의 심리로 시작해보자. 우리는 대체로 비폭력적이다. 대부분의 사회적 상호작용에는 물리적 힘이 개입되지 않는다. 그러나 모든 사람은 잠재적으로 폭력적이며, 일부는 다른 사람들을 대하는 데 상당히 폭력적이다. 사실 일부 사람들에게 폭력이나 폭력 위협은 생존 전략의 핵심이 된다. 그들은 폭력적 개인들이다. 질서 정연한 사회에 사는 폭력적 개인들과 일반인들 사이에는 극적일 만큼 차이가 있다. 일부 개인들은 극단적으로 폭력적인 성향이 있는 반면에, 대부분 사람들은 놀라울 정도로 폭력에 저항한다는 점에서 그렇다. 보병 전투에서 적병 개인에게는 절대 발포하지 않는 군인이 상당한 비율을 차지한다는 몇몇 연구 결과는 이러한 사실을 보여주는 지표다. 전투 상황에서는 누구든 타인에게 해를 끼치는 행동을 금지하는 장벽을 뛰어넘으리라고 기대하게 된다. 어쨌든 상대 군인들은 적이고, 그들에게 해를 끼치도록 명확한 지지를 받으며, 무엇보다도 그들은 당신을 죽이려 하기 때문이다. 그러나 그렇다 해도 많은 사람들은 문턱을 넘지 못한 채 주저한다.

폭력이 인간 본성에 맞지 않는다는 말은 아니다. 인간은 다정하고 평화적인 종이 아니다. 덜 폭력적인 상호작용 결과가 서로에게 더 나을 때조차 더 폭력적인 행동이 덜 폭력적인 행동을 이기곤 한다. 폭력을 선택할 수 없는 사람은 상당히 불리한 처지에 놓일 것이다. 그러나 개인들이 너무 쉽게 폭력을 선택하는 사회는 신체적 위해에 대한 대가가 큰 사회에 비해 번성하기 어려울 것이다. 그래서 우리는 사람들이 평화적 상태와 폭력적 상태 두 가지를 갖는데, 평화적 상태는 표준으로 지니고 폭력으로의 이행은 다양한 요인으로 촉발될 수 있다고 예상할 수 있다. 일부 사람들은 다른 사람들보다 폭력의 계기에 더 민감할 수 있다.

이러한 상황은 폭력적 인격 발달에 관한 연구에서 확인된다. 분명히 기본 유형에 따른 많은 변이형이 있지만, 그들 대부분은 공통적으로 다음 요소들을 갖는다. 폭력적 개인은 아동기 초기에 신체적으로 학대하는 가족 구성원이나 위험한 생활 방식에 의해 폭력에 종속되거나 폭력 위협을 받는다. 그는 아동기 후기나 대개는 청소년기 전에 폭력적 경향이 있는 사람으로 자신의 이미지를 발달시키는 데서 이점을 발견하게 된다. 즉 그 이미지를 발달시키면 평균보다 적은 자극으로도 신체적 공격을 가할 수 있는 것이다. 대개 분을 참지 못하고 터뜨렸다가 크게 성과를 보는 경우들에서 그런 발견을 하게 된다. 그 이미지는 10대 또는 청장년기에 이르면 충분히 정착되어 나머지 성격들과 통합된다. 이로써 폭력의 일상적 사용과 노골적 위협에 기초해 사회적 상황을 다루는 사람이 생겨난다. 이제 그는 평화적 상태와 폭력적 상태 사이의 문턱을 넘나드는 통로를 갖게 되며, 이 통로는 점점 더 자주 사용됨으로써 두 상태가 작용하는 데 본질적 요소가 된다.

이 과정은 흔히 '폭력화'라고 불린다. 우리 중 누구라도 적절한 초기 내력이 주어지면 폭력화될 수 있다. 실제로 위험한 인물이 되기까지는 나름의 과정을 거쳐야 하지만, 유난히 폭력화에 빠지기 쉬운 사람들이 있다. 폭력화는 폭력이 한 세대에서 다른 세대로 전해지는 방식을 보여준다. 즉 폭력적 개인들은 공포 분위기를 만들어내는데, 일부 아이들은 그 분위기에서 자신의 폭력에 대한 능력을 발견해 결국 폭력적 성인이 된다. 이 같은 폭력의 전달에는 두 가지 구성 요소가 있다. 가장 명백한 것은 가정에서 자행되는 폭력이다. 좀 더 미묘한 것은 정상적인 사회적 태도에서 신체적으로 공격적인 태도로의 이행을 중개하는 자아상을 접할 수 있는지와 공포 분위기의 존재 여부다. 그런 분위기를 조장할 수 있는 한 가지 요인은 어떤 집단이나 국가가 갖는 피해자로서의 자아상이다. 과거에 패배하거나 학대당한 피해자로서의 자아상은 집단의 생존을 위한 방어 수단으로서 폭력을 허락한다. 이러한 방식으로 가족, 인종 집단, 국가 전체가 강한 성인들에게 고통받던 아이의 위치에 자신을 정립하고, 다시는 괴롭힘을 당하지 않는 존재로 스스로를 재구성하기 시작한다.

이러한 폭력화 과정은 어린 시절에 시작되어 성인의 인격이 형성되어가면서 완료된다. 이와 유사한 과정이 어린 시절에 학대와 폭력을 당한 적 없는 성인들에게도 적용될 수 있다. 대표적 사례로 전투원 외상 후 스트레스 장애가 있다. 그 유형은 조너선 셰이의 『베트남의 아킬레스』Achilles in Vietnam (1994)에서 설득력 있게 묘사되었다. 참전 용사 치료를 전문으로 하는 정신과 의사로서 고전문학에도 조예가 깊었던 셰이는 전형적인 전후 인격 장애에 이르는 일반적 경로에 대해 논한다. 이 장애는 수면 장애, 타인에 대한 불신, 광장공포증, 알코올 및 약물 중독, 그리고 무엇보다도 아주 작은 도발에도 격렬한 분노를 터뜨리는 성향 등 다양한 징후를 포함한다. 셰이는 호머 시대 이래로 전후에 전투원들이 이 같은 징후를 보여왔다고 주장한다. 이러한 인격 장애에 이르는 경로는 대개 사회의 다른 구성원들에 비해 폭력 성향이 강하지 않은 성인들에게서 시작된다. 그들은 신체적으로 굉장히 위험한 상황으로 떠밀려 극한의 공포를 경험하고, 지휘관들의 무능력이나 배신을 경험하기도 한다. 그 결과 생존을 위해 서로 의지해야 하는 사람들 사이에 매우 긴밀한 유대감과 애정이 생기고, 종종 전우의 죽음으로 인해 극심한 분노가 발생한다. 분노

참전 용사들은 전투 트라우마로 인해 늦은 시기에 폭력화의 과정을
경험하기도 한다.

로 초인간적 힘과 의식을 갖게 된 사람은 신변의 위험을 전혀 개
의치 않는 '광포한 상태'로 들어간다. 만약 그가 광포한 상태에
처한 채 노출된 위험에 맞서 살아남는다면, 그런 자신에게는 어
느 누구도 해를 끼치지 못한다는 느낌을 받는다. 그리고 마침내
살아남았을 때 민간인의 삶으로 전환하는 일에 직면한다.

　조너선 셰이가 쓴 이 책의 부제는 '전투 트라우마와 성격의
파멸'Combat trauma and the undoing of character이다. '파멸'이라는 단
어는 중요하다. 전투원들은 전형적으로 아이들이 겪는 것보다
늦은 시기에 폭력화 과정을 경험한다. 그들은 이미 인격이 형성
된 상태에서 이 과정을 경험하므로, 새롭게 획득한 폭력적 성향
을 인격에 통합하기에 좋은 처지는 아니다. 예전에 광포한 상태

를 겪은 사람들은 예외 없이 정서가 불안하고 불행한 사람들이다. (다른 한편으로 '표준적인' 폭력적 인격을 갖는다고 해서 꼭 불행하거나 문제가 있는 것은 아니다. 그저 그의 주변 사람들에게 매우 나쁜 소식일 뿐이다.) 외상 후 스트레스 장애로 고통받는 참전 용사들과 폭력적 개인들은 양쪽 모두 평화적 행동과 폭력적 행동 사이의 장벽을 넘어설 수 있는, 잠재적으로 익숙한 방법을 가졌다는 데 중요한 유사성이 있다. 우리는 참전 용사들과 폭력적 개인들을 통해 대부분 보통사람들은 빈번히 넘을 수 없을 정도로 이 장벽이 매우 높고, 넘는 방법을 배울 수 있지만 일단 배운 뒤에는 잊어버리기 매우 어렵다는 점을 알게 된다.

내가 아직까지 누구도 악하다고 하지 않았다는 점에 주목하라. 폭력화와 외상 후 스트레스 모두 악한 행동으로 이어질 수 있지만, 다른 많은 결과로 이어질 수도 있다.

폭력적 상태로의 이행

평화적 상태와 폭력적 상태 사이의 이행에는 때로 하찮을지라도 이유가 있다. 이를 다음과 같이 시각화해보라. 평화적 상태는 수평선이 왼쪽으로 이어지며 도중에 끝난다. 폭력적 상태는 수평선이 위쪽에 위치해 있으며, (말하자면 더 높은 공격성의 단계에서) 오른쪽으로 이어지다가 도중에 끝나지만, 평화적 상태가 끝나는 왼쪽까지 이어지며 평화적 상태가 폭력적 상태 아래에 놓이는 범위가 있다. 왼쪽에서 오른쪽으로 갈수록 자극이 증가한다. 중복 범위의 어느 지점에서 사람의 상태는 낮은 선에서 높은 선으로 뛰어오른다. 위쪽 선의 오른쪽에서 왼쪽으로 움직이면, 각자 상태가 아래쪽 선으로 뛰어내리는 지점이 있다. 즉 가장 분노한 개인도 충분한 자극이 없으면 잠잠해질 것이다. 인격이 더 폭력적일수록 왼쪽에서 폭력적 상태로 더 빨리 뛰어오르며, 오른쪽에서 평화적 상태로 더 늦게 내려갈 것이다. 두 이행이 일어나는 지점은 동일하지 않을 것이다. 전형적으로 위쪽으로 뛰어오르는 지점은 아래쪽으로 떨어지는 지점의 오른쪽이 될 것이다. 이러한 상황은 일상생활에서 일어난다. 당신은 개 짖는 소리와 통명스러운 가게 점원, 그리고 호통치는 상사까지도 참을 수 있다. 그러다가 당신보다 능력과 경험이 훨씬 부족한 직장 동료가 당신을 제치고 승진했다는 사실을 알게 된 순간 분노에 휩싸이면서 상사며 가게 점원, 개까지도 참을 수 없게 될 것이다.

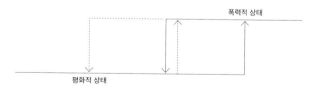

평화적 행동 방식과 폭력적 행동 방식 사이의 이행 지점 : 폭력의 적절성은 왼쪽에서 오른쪽으로 갈수록 증가한다. 실선 화살표는 정상적인 사람의 상태가 바뀌는 지점을 표시하고, 점선 화살표는 폭력적인 사람의 상태가 바뀌는 지점을 표시한다.

평화적 상태와 폭력적 상태 사이에서 양쪽 방향으로 이루어지는 이행의 불균형은 인간과 동물 감정의 일반적 특징이다. 감정 통제를 완벽히 하는 사람은 상황에 적절히 반응하며, 불균형 상태를 보이는 일이 거의 없다. 따라서 양쪽 방향으로의 이행은 거의 동일한 지점에서 일어날 것이다. 그러나 보통사람은 이와 달라서 폭력적 경향을 조금씩 올릴 수 있다. 어떤 사람이 공격적 상태에 있는데, 평소라면 자신을 공격적이도록 만들기에는 충분치 않은 상황에 놓여 있다고 가정해보자. 그러나 그는 이미 공격적 상태이므로 그 상황에 공격적으로 반응한다. 그 행동이 효과를 거둔다고 해보자. 그러면 그는 전보다 도발이 덜한 상태에서도 공격적이게 되는 법을 습득하게 되고, 평화적 상태와 폭력적 상태 사이에서 중복되는 영역은 자극이 약한 상태 쪽으로, '왼쪽으로' 이동할 것이다.

대부분 사람들이 비폭력적으로 행동하는 것은 대개 전체로서의 인류의 이익을 위해서다. 그렇긴 해도 필요한 경우를 위해 폭력 가능성을 예비로 남겨두는 것은 중요하다. 따라서 적절할 때만 폭력으로 이행하도록 하는 사회적 압력이 있는 것이 유용하다. 적절함의 기준은 사회에 따라 다양하며, 일부 폭력적인 사회에서는 폭력화 과정 같은 것이 정상적인 성장 과정의 일부였다는 주장도 있었다. 그래도 우리는 누가 폭력적 성향을 지녔는지, 언제 그 성향이 발현될지 알 필요가 있다. 사람들이 서로의 행동에서 폭력의 징후를 감지하는 데 매우 민감하다는 사실은 놀랄 일이 아니다. 실제로 아이들은 어렸을 때부터 공격적 행위가 부적절하다고 판단할 수 있는 듯하다.

심리학자 엘리엇 투리엘(1983)은 대단한 발견을 해냈다. 그는 취학 전 아동들이 해서는 안 되는 두 종류의 행동, 즉 사회적 규약으로 금지된 행동과 더 근본적인 이유에서 금지된 행동을 구별할 수 있다고 보았다. 첫 번째 경우의 일반적 예는 남자아이가 치마를 입고 학교에 가는 것이다. 일반적으로 유치원에 다니는 아이들은 남자아이가 그런 행동을 해서는 안 되지만 학교에서 확실히 허용했다면 괜찮다고 말할 것이다. 두 번째 경우의 일반적 예는 다른 아이를 때리는 것이다. 아이들은 그런 행동을 해서는 안 된다고 하면서 학교가 확실히 허용해도 하면 안 된다고 말할 것이다. 어떤 행동은 허락될 수 없다는 점을 아이들은 이해한다.

투리엘의 발견에서 흥미로운 부분은 철학자들과 사회심리학자들이 재현하는 데 어려움을 겪는 구별을 어린아이들은 아무 문제 없이 해낸다는 점이다. 그런데 그 발견은 사회생활 능력의 본질에 대한 다른 생각들과도 부합한다. 심리학자들과 인간 진화 이론가들 사이에는 우리가 타인들과 함께 살아가며 협력하는 능력을 발달시키는 성향을 타고났다는 믿음이 광범위하게 퍼져 있다. 그 능력 중 하나는 식량이나 다른 자원 분배의 공정성과 불공정성, 그리고 권리와 분배에서의 부정행위에 대한 민감성이다. 그리고 폭력이 언제 부적절한지 인식하는 능력도 있다. 그래서 나는 이 질문이 실험에 사용된 적이 있으리라고 장담할 수는 없지만, 장난감을 훔치는 도둑을 때리는 행동이 잘못인지 아닌지를 아이들에게 물어본다면, 자신의 장난감을 빼앗아가는 다른 아이를 때리는 것은 잘못이지만 도둑을 때리는 행동은 잘못이 아니라는 대답을 듣게 되리라고 예상한다.

투리엘의 연구는 폭력에 대한 책임의 정도가 적절한지를 판정하는 의식이 우리에게 깊이 뿌리박혀 있으며, 우리가 이 의식을 매우 진지한 행동 규범에까지 꽤 쉽게 연결시킨다는 점을 시사한다. 이에 대한 가장 자연스러운 설명은, 다른 방식의 행동이 요청되는 경우를 제외하고는 서로를 심하지 않은 폭력 상태에 두도록 사회적 압력을 유지하는 것이 항상 우리에게 이익이었다는 것이다.

부적절한 폭력에 대한 우리의 민감성은 또 다른 심리학자의 의견과도 잘 맞는다. 폭력적 범죄자들에 대한 로버트 블레어의 연구에 따르면, 정상적인 개인에게는 현재 상황에 폭력적으로 반응하려는 충동을 제거하는 특수한 기제가 있다. 그는 이를 폭력 억제 기제VIM(violence inhibiting mechanism)라고 부른다. 좀 더 구체적으로 말해서 폭력 억제 기제는 다른 사람이 보이는 고통의 징후에 민감하게 반응하고, 고통받는 사람이 있을 때는 공격적 행동을 금지한다. (이는 늑대가 서로를 물어뜯는 행위를 막는 금지와 유사하다. 늑대는 물어뜯으면 복종의 표시를 보이는 데 비해, 인간은 타인이 공격적 행동을 하면 고통의 표시를 보인다.) 보통 폭력 직전 단계의 첫 번째 조짐이 벌써 고통의 징후를 불러오는 까닭에 폭력 억제 기제는 이 첫 번째 조짐이 본격적인 공격으로 발전하는 것을 막는 효과가 있다. 앞에서 제시한 이미지를 활용해보자면, 폭력 억제 기제는 오른쪽으로 멀리 이동할 때까지는 개인의 상태가 위쪽 선까지 뛰어오르는 것을 막는다. 그 기제의 신경학적 뿌리는 선천적이라고 추측되며, 실제로 폭력적 행동과 관련된 특정한 신

『시계태엽 오렌지』는 폭력 억제 기제의 교체라는 문제를 제기한다.
소설을 각색한 영화의 한 장면.

경학적 손상을 보여주는 몇몇 증거가 있다.

　폭력 억제 기제는 정신 시스템에 내재된 부품과 같다. 일부
사람들의 경우에는 폭력 억제 기제가 손상되었거나 존재하지 않
는다. 폭력 억제 기제가 교체될 수 있는가? 앤서니 버지스의 소설
『시계태엽 오렌지』A Clockwork Orange (스탠리 큐브릭의 1971년 영화도
있다)는 폭력 억제 기제의 교체 시도를 묘사한 책이라 할 수 있다.
'주인공' 알렉스는 폭력의 즐거움으로 살아간다. 그는 폭력적 충
동이 일면 구토를 느끼게 하는 훈련 과정을 통해 '치료'된다. 치
료 직후(이후 줄거리에서 몇 번의 전환이 일어난다) 그는 이전에는
즐겁던 강간, 폭행, 살인을 저지를 수 없게 된다. 그가 정상적인
인간과 비슷해졌다고 생각할 수도 있다. 그러나 아니다. 그는 그
저 무능한 얼간이가 되었다. 그는 자신을 방어할 수 없으며, 스스

로 방어할 수 있다는 표시조차 할 수 없어 폭력을 부르는, 살아 있는 유혹물이 된다. 우리의 타고난 억제력은 결코 완벽하지 않지만 융통성이 있다. 이 억제력은 공격이 적절할 때와 그렇지 않을 때가 언제인지 예리하게 판별하려 한다. 우리의 조상들이 그랬듯 우리에게는 공격성이 필요하므로 공격성을 억제할 세심한 방법이 요구된다. 그러나 세심한 시스템은 쉽게 고장 난다.

우리 대다수는 폭력 억제력을 밀쳐내거나 우회하는 것이 쉽지 않다. 다수의 군인들은 결코 사람을 쏘아 죽이지 않는다. 폭력으로의 이행을 강제하기는 매우 어렵다. 그러나 누군가는 소름 돋을 만큼 기꺼이 폭력을 행사한다. 누군가는 분노 기제가 쉽게 발동되도록 태어났을 수도 있지만, 우리는 그 기제를 재설정하는 방법을 상상해볼 수 있다. 폭력 억제력을 다른 것들과 비교해보자. 사람들은 보통 높은 곳이나 큰 육식동물과 복잡한 곤충처럼 위험한 것들, 그리고 시체나 달빛같이 무해한 것들을 두려워한다. 그러나 이런 공포를 견뎌내야 하는 상황에 놓이면 공포를 억압하게 되는 경우가 많고, 공포의 대상이 한때 끔찍한 것이었다는 사실에서 특별한 종류의 즐거움을 느낀다. 이러한 비교를 유념하고 폭력적인 사람이 되는 것이 어떤 것인지를 생각해보자. 당신은 어릴 때 높은 곳을 무서워해서 통 사이에 걸쳐진 나무판자 위도 걷지 않으려 했다. 그런데 아버지가 협곡 끝까지 당신을 데려가서 가파른 산비탈을 기어오르고 내려가며, 벼랑을 현수하강懸垂下降 하고, 밧줄로 된 다리에서 흔들거리며 협곡을 건너도록 했다. 당신은 각 단계마다 속으로는 비명을 지르면서도 억지로 해냈다. 각 단계를 거친 후에 당신은 왠지 모르게 고양된 느낌을 갖게 되는데, 이는 고지대의 체험 때문이 아니라 당신 자신의 공포를 제압했다는 데서 오는 만족감 때문이다. 결국 변화한 당신은 산악가 조 심슨이 『유령들의 게임』This Game of Ghosts(1994)에서 한 말에 동의할 수 있을 것이다.

> 당신의 경험과 기술이 당신을 안전하게 지켜주리라는 확신 속에서 스스로를 잠재적으로 위험한 상황으로 몰아넣는 데 기묘한 기쁨이 있다. (……) 등반에서 처음으로 발을 디딜 때나 처음으로 등산용 도끼를 내리칠 때, 당신은 완벽하고도 잔인할 정도로 현실적인 세계에, 새로운 관점에 들어설 것이다. 묘사할 수 없는 그 힘은 베이스캠프에서, 정상에서, 마지막 발걸음에서, 첫 번째 발걸음에서 생생하게 느껴지다가 계곡으로 내려올수록 점점 희미해진다.

등반가들은 다른 것을 원하지 않는다. 그들은 다른 사람들처럼 흥분을 원하고, 다른 사람들처럼 죽음을 두려워한다. 그러나 공포가 욕망을 억제하지는 않는다. 대신 공포를 억제하는 데서 오는 특별하게 중독성 있는 전율이 있다. 여기서 폭력과의 유사성은 명백하다. 스스로 폭력적인 사람이 된다고 상상하는 것은 폭행에 대한 억제력을 강제로 보이지 않게 밀쳐내는 자신을 상상하는 일이다. 그 억제력은 저절로 사라져버리지 않는다. 또한 그렇게 함으로써 만족스럽고 고양된 감정을 얻는다는 것을 깨닫는 자신을, 그리고 그 느낌을 그리워할 자신을 상상하는 일이다.

자존감과 폭력성의 관계

이번에는 자아 존중감을 살펴봄으로써 폭력적인 것이 어떤 것인지에 대한 또 다른 단서를 찾아보도록 한다. 폭력적인 개인은 그들 자신을 어떤 종류의 사람으로 생각하는가? 인격에 문제가 많으면 보통 낮은 자존감으로 고통스러워한다는 게 우리 사회의 평범한 시각이지만, 사실 폭력적인 사람들에 대한 증거에 따르면 좀 더 미묘한 특성을 띠고 있다. 폭력적인 사람들은 자신의 능력과 자신을 대하는 타인들의 태도에 대해 믿음을 축소하기보다 과장하기 쉽다. 다른 한편으로 이러한 믿음은 종종 사실과 크게 다르다. 폭력적인 강간범은 자신이 성적인 기술의 달인이라고 믿고, 폭력적인 아버지들은 자식들의 존경을 받고 있다고 믿는 경우가 드물지 않다. 하지만 이런 사람들의 자존감은 그들의 행동이 부인하는 주장에 근거하고 있다. 그들의 자존감은 부풀려져 있으며 약하다. '취약한 자기중심주의자'는 사실 폭력적인 개인들 사이에 매우 흔하다. 그런 사람은 자기에 대한 관점이 과장되어 있고 근거가 빈약한 만큼 그 관점을 뒷받침해줄 증거들을 수집하려 하며, 다른 사람들에게 존중의 표시를 얻으려 한다. 존중은 최소한의 경의를 의미한다. 어떤 상황에서는 존중이 두려움을 의미하는데, 자기 앞에서 떨지 않으면 자기를 존경하지 않는 것이라고 여기는 사람도 있다. 따라서 폭력적인 사람은 감정을 폭발할 기회가 결코 부족하지 않다. 그를 정상적인 인간으로 대하는 것은 그의 진정한 위엄을 조롱하는 셈이기 때문이다.

그처럼 불안정한 자아상을 갖는 것이 어떤지에 대해서는 폭력화와의 연관성을 보면서 부분적으로 상상해볼 수 있다. 폭력적으로 되려면 다른 사람들을 해치지 못하게 하는 금지를 극복해야 한다. 이렇게 하기 위해 보통사람은 의지력이 필요하다. 당신은 그 일을 결행하고 숙달한다. 이는 당신 스스로 폭력적인 사람이 되는 방식을 따르는 것을 의미하며, 어느 단계에 이르면 당신도 자신이 무엇을 하고 있는지 깨닫게 된다. 당신이 지향한 목표는 자신을 폭력적 인간으로, 공포의 대상으로 만드는 것이다. 목표에 도달하면 당신이 무엇을 했는지, 이제 당신이 어떤 사람인지 알게 된다. 이는 고소공포증이나 시체 공포증을 극복하는 과정과 비슷하다. 자신이 되려고 하는 사람의 처지에서 자신을 생각하고, 마침내 바라던 사람이 되어 자부심을 느끼는 것이다. 그러나 폭력의 경우에는 복잡한 요인이 있다. 당신이 되려고 하는 사람의 성격은 주위 사람들에게서 전혀 환영받지 못한다. 이 상황의 양쪽 측면을 동시에 수용하려면 매우 교활한 사람이 되어야 할 것이다. 더 가능성 있는 당신의 반응은 거의 변함없이 자신에게 가장 유리한 것 한 가지만 고수하고, 나머지는 어쩔 수 없을 때만 인정하는 것이다.

당신은 최소한 잠재의식에서나마 주위 사람들이 저평가한

다는 사실을 알고 있지만, 결국에는 자신이 가치 있다고 여기는 것을 받아들이게 된다. 이는 엉뚱한 농담과 기이하고 음산한 예술에 빠져 있는 청소년이 보수적인 사회 환경에 놓여 있는 상황과 같다. 당신은 자신을 광대 또는 저항 예술가로 여기고, 그런 인물이 되는 것은 매우 가치 있는 일이라 생각할 것이다. 그러나 당신이 무시할 수 없는 동시대 사람들 상당수가 당신을 이상하다고 생각하리라는 점도 안다. 그래서 당신은 자랑스러우며 드문 재능을 가진 사람이자 괴상한 비정상인이라는 이중적 이미지를 개발한다. 이는 일회용 사회에 살면서 환경 의식이 높은 예외적인 사람의 처지와 마찬가지다. 15년 된 당신의 토요타 자동차는 이웃들과 비교할 때 자부심의 원천이다. 그러나 그 이웃들은 당신을 별나고 우스꽝스러우며, 동네 미관을 해치는 사람으로 보기 쉽다.

당신의 자아의식이 다른 사람들과 다른 근거에 기반하고 있다면, 당신은 그들에게 무엇이 존경이나 수치로 여겨지는지 이해하기 어려울 것이다. 그래서 당신은 다른 사람들을 대하는 데 오해하거나 오판하기 쉽다. 내가 방금 제시한 모든 일반적인 예에서 이런 상황이 일어날 것이다. 하지만 폭력적인 사람들이 위험한 것은 단지 오해 때문만이 아니다. 그들은 두 가지 다른 동기에서 다른 사람들에게 모욕을 주길 원한다. 먼저 폭력 억제력을 놓아버리는 데서 오는 전율이 첫 번째 동기고, 자기 가치의 불안정성을 개선할 필요성이 두 번째 동기다.

우리의 자아상은 명백한 사실들과 충돌해 약화되기 쉽다.

그리고 우리는 누구나 자신에 대한 두 가지 상반된 시각이 중첩되는 지점에 놓일 수 있다. 앞 절에서 다룬 이미지에 대입해보자면, 이때 자기 가치에 대한 의식은 상황의 작은 변화에 따라 더 나쁜 상태로 추락할 수 있다. 이것은 인간 조건의 일부로서 한 개인이 폭력적인 인물이 되는 과정의 경험을 유추하게 해준다. 아무리 작은 단서라도 이 같은 사안을 이해하는 데 우리의 상상력에 도움을 주는 것이라면 마땅히 감사해야 한다.

소시오패스 혹은 선택적 감정 불능

폭력이 다른 사람들에게 위협이 되는 유일한 방법은 아니다. 기만, 절도, 비탄 또한 위협이 된다. 이 모든 방법으로 사람은 신체적 공격을 가하지 않고 두려움을 야기하지 않으면서도 다른 사람에게 해를 입힐 수 있다. 그러나 무엇보다도 다른 사람에게 해를 끼치는 행위로 얻을 수 있는 잠재적 이익은 고통을 야기하는 것을 꺼려하는 우리의 성향을 통해 저지된다. 그런데 고통을 야기하는 행위를 우리보다 훨씬 덜 꺼리는 사람들이 있다. 바로 소시오패스sociopath 다.

용어를 명확히 하는 것이 중요하다. 이제 '소시오패스'를 규정하는 많은 특성들은 얼마 전까지만 해도 심리학자들이 이른바 '사이코패스'psychopath 의 특성으로 꼽던 것들이다. 사실 사이코패스 개념은 혼란스럽다. 한편으로 그 단어는 '병적인 정신'을 의미하는 듯하며, 일상어에서는 '위험할 정도로 미친 사람'을 가리키는 데 사용되기도 한다. 다른 한편으로 그 단어는 좀 더 세심히 정의될 때조차 반사회적이라고 간주되어야 할 것과 폭력적 인격을 혼합하는 경향이 있다. 두 유형은 다를 뿐만 아니라 어떤 면에서는 반대된다.

소시오패스는 반사회적 인격 장애를 겪고 있는 사람이다. 미국정신의학회의 『정신장애 진단 및 통계 편람』Diagnostic and Statistical Manual of Mental Disorders(1980)에 따르면, "타인의 기본 권리를 침해하거나 성년의 사회 구성원이라면 지켜야 할 사회적 규범 및 법규를 위반하는 반복적이고 지속적인 행동 양식이다. 그 특징적인 행동은 (……) 사람과 동물에 대한 공격, 재산 파괴, 사기 또는 절도, 심각한 법규 위반 등의 네 가지 범주 중 하나에 속한다." 이 정의는 '사회적 규범 및 법규'를 자의적 규약이 아니라 근본적인 인간의 이익을 보호하는 규칙이라고 추정할 때 의미가 잘 통한다. 위 내용에 이어 『정신장애 진단 및 통계 편람』에서는 그 장애가 타인에게 실질적 해를 끼치는 특수한 방식으로 관습적 도덕을 위반하는 인격 장애임을 명시하고 있다.

> 이 장애를 가진 사람들은 다른 사람들의 바람, 권리나 감정을 무시한다. 그들은 자주 기만적이고 교활하다. (……) 이 사람들은 (……) 지속적이고도 극단적으로 무책임한 경향도 있다. (……) [그들은] 자신들의 행동에 따른 결과에 거의 후회를 보이지 않는다. 그들은

다른 사람을 해치거나 학대하고, 다른 사람의 물건을
훔친 데 대해 무관심하거나 피상적인 합리화를 제시
하는 경향이 있다. (……) 이 사람들은 피해자들이 바
보 같고 무기력하다거나 그렇게 될 만하다고 탓하기
도 한다. 그들은 자신들이 한 행동의 해로운 결과를
축소하거나 완전한 무관심을 나타내기도 한다.

이 인용문을 통해 소시오패스의 상이 좀 더 명료해진다. 소
시오패스들은 타인의 행복에 공감하는 즐거움, 타인의 슬픔에
대한 당혹감, 다른 사람에게 고통을 준 데 대한 후회 같은 감정들
이 주로 부족하다. 나는 이 공감 능력의 결핍으로 소시오패스의
조건을 정의할 것이다. 이 조건은 폭력적인 사람의 프로필과는
확실히 달라야 한다. 소시오패스는 정상에서 병리로 가는 문턱
을 넘을 수 없다. 다시 말해서 소시오패스의 행동 양식은 항상 동
일하며, 그에게 다른 방식은 불가능하다. 그는 다른 사람들을 해
치거나 모욕을 주는 데서 즐거움을 느끼지 않으며, 자신이 목적
을 추구하면서 다른 사람에게 해나 모욕을 주었다고 해도 그저
무관심할 뿐이다. (폭력적인 사람이 소시오패스보다 피해자에게 더
관심을 갖는다는 점은 역설적이다.) 폭력적인 사람의 이미지가 고
의적 공격이라면, 소시오패스의 이미지는 냉정하게 계산된 조작
이다.

폭력을 금지하는 과정에 관한 블레어의 이론을 취한다면,
다음과 같이 대조해볼 수 있겠다. 폭력적인 사람은 금지를 밀쳐

내거나 회피할 방법을 찾는 반면, 소시오패스는 금지 자체가 이미 없는 상태이므로 이런 방법을 배울 필요도 없다. 보통 금지를 촉발하는 다른 사람들의 고통이 그에게는 아무런 영향을 미치지 않으므로 금지를 극복할 필요도 없다. 이런 경우는 두 가지 방식으로 일어날 수 있다. 다른 사람들의 고통이 어떤 특별한 의미가 있는 것으로 인식되지 못하는 경우와, 고통이 인식되긴 하지만 금지를 촉발하지 못하는 경우다. 두 경우는 다르다. 블레어의 연구는 두 번째 경우를 강조하는 경향이 있지만, 반사회적 인격 장애는 징후이지 질병이 아니므로 우리는 그 원인이 얼마나 다양한지 알지 못한다. 그러므로 그 수는 적겠지만 폭력적 성향은 없으면서 자신의 행동이 다른 사람들에게 미칠 영향에 대해서도 관심이 없는 약한 소시오패스가 존재할 가능성도 있다.

소시오패스가 폭력적일 것 같지 않다는 말은 아니다. 어떤 소시오패스는 폭력화 과정을 겪었을 수도 있고, 폭력적인 자아상을 발달시켰을 수도 있으며, 폭력으로 결실을 얻는 삶의 방식을 발견했을 수도 있다. 그러나 그는 소시오패스적 성향 때문에 폭력적인 것이 아니라, 두 성향을 함께 가진 경우다. 소시오패스들은 폭력적인 사람들에 비해 보통의 인간성 유형에서 더 멀리 떨어져 있지만, 역설적이게도 폭력적인 사람들보다 더 정상적으로 보일 때가 많다. 소시오패스는 어렸을 때부터 동정이나 후회를 모방하는 식으로 다른 사람들과 교류하는 법을 배웠기 때문이다. 영리한 소시오패스는 인간의 상호작용을 매개할 감정을 가진 것처럼 보이는 법을 숙달하고 사람들과 어울린다. 그러다 어느 순간 이해타산이 끝나면 그 외관을 버린다. 다른 사람들을 속이면서 생계를 유지하는 소시오패스 성향의 어머니와 아들이 등장하는 영화 〈그리프터스〉(1990)는 소시오패스 인격의 특징을 환기해준다. 두 사람 모두 매우 무자비하지만 일상에서는 폭력적이지 않다. 그 어머니는 영화 막바지에서 단 한 차례 폭력 행위를 저지르는데, 이 의도적이지 않은 사건으로 혼란에 빠져버린다.

소시오패스가 된다는 것이 어떤 것인지 상상할 수 있을까? 여기 실마리가 있다. 내가 묘사하는 소시오패스의 프로필을 들은 사람들은 자신의 전 배우자나 전 애인, 가끔은 현재 배우자나 연인이 소시오패스적 성향을 가졌다고 말한다. 세상에 소시오패스들이 들끓고 있는 게 아니라면, 이런 현상은 사람이 누군가와 감정적으로 거리를 두어야 할 때 자신이 느끼던 감정이 진짜였다는 점을 부인하게 되기 때문이라고 해석할 수 있다. 결별은 관계가 유지되던 때의 진실한 감정들과 단절하는 갑작스러운 시각의 변화를 내포한다. 우리 중 상당수는 그런 경험을 했고, 또 그 경험의 대상이 된 적도 있다. 당신이 헤어진 배우자가 생각하는 그런 종류의 사람이 된다고 상상해보라. 당신은 자신에게 부여된 새로운 이미지에 대응해 완벽한 헌신과 공감의 인상을 보여주면서 감정적으로는 거리를 두고 무신경하게 살기로 결심했다. 그러고 나면 당신은 자신에게 가벼운 소시오패스 성향이 있다고 여길 것이다. 다른 각도로 접근해서 당신이 필요한 감정을 꾸미는 상황을 상상해보라. 당신의 아이가 넘어져 무릎에 상처가 났고, 당신은 아이를 돌본 지 하루 만에 비축해둔 공감력이 모두 소모된 상태였다. 하지만 좋은 부모라면 공감, 격려, 관심을 보인다는 사실을 당신은 알고 있다. 그래서 당신은 그런 감정들을 최대한 많이 표현하지만, 마음속으로는 그 순간이 빨리 마무리되어 다른 일을 할 수 있기를 바랄 뿐이다. 다른 사람들과 교류할 때 당신이 대부분 이런 식으로 꾸민다고 상상해보라. 상상이 미치는 그만큼, 당신은 소시오패스가 되는 것이 어떤 것인지 그 일부나마 상상하는 것이다.

소시오패스들은 다른 사람들에게 모욕을 줄 필요가 없다. 그들은 신경 쓰지도 않는다. 그들의 자기 이미지는 다른 사람들에게 해를 끼칠 필요가 없다. 그렇다면 그 이미지는 무엇을 필요로 하는가? 소시오패스의 자의식을 상상하는 것은 폭력적인 사람의 자의식을 상상하는 것보다 더 어렵다. 우리는 소시오패스가 가치 있게 여기면서 자기 안에서 발달시키려 하는 것이 무엇인지 알고 싶어 한다. 그러나 그 인격이 무엇에 가치를 두는지는 알기 어렵다. 나는 이 어려움이 부분적으로 감정 구분의 어려움이라고 생각한다. 반사회적 인격 장애를 완전한 감정 결핍 상태라 상상하기 쉽지만, 이는 사실과 다르다. 소시오패스에게는 만족, 기쁨, 실망, 후회(회한과 대조적으로)가 모두 가능하다. 그러나 우리는 소시오패스의 경우 같은 선택적 감정 불능을 상상하는 데 곤란을 겪는다.

대다수 위험인물들의 심리는 다른 사람의 처지를 이해하는 능력에서 일정한 결함을 보인다. 폭력적인 사람은 공포를 불러일으키는 능력을 다른 사람들이 좋게 평가하지 않는다는 사실을 잘 이해하지 못한다. 소시오패스들은 인간 행위의 상당수가 단지 교류를 목적으로 하거나 남을 돕기 위해 이루어진다는 사실을 선뜻 납득하지 못한다. 한 가지 추정을 해보자면, 그들은 다른 사람이 놓인 상황에 자신을 대입해봐야 하는 과제를 매우 어려워한다. 특히 그 상황이 기본적으로 사회적일수록 더 난감해한다. 다만 내가 아는 한 이에 대한 확실한 근거는 없다.

그들의 결함을 자폐증 장애와 비교해볼 만하다. 자폐증을 가진 사람은 다른 사람들의 믿음과 생각, 특히 틀린 믿음과 실제와 어긋난 생각을 이해하지 못한다. 그는 타인의 말을 그 맥락과 무관하게 문자 그대로 이해한다. 이러한 어려움의 결과로, 또는 그 어려움을 야기하는 조건 때문에 자폐증이 있는 사람들의 사회적 태도는 일반적으로 내성적이고 인간미가 부족해 보인다.

자폐증이 있는 사람은 일반인보다 더 위험한 사람이 아니다. 그들은 남을 속일 수 없기 때문에 오히려 덜 위협적이다. 자폐증후군의 존재는 우리에게 반사회적 경향을 규정하는 데 주의가 필요하다는 경고가 된다. 자폐증후군은 다른 사람의 처지를 이해하는 능력 중에서 특정한 기능이 제대로 작동하지 않는 증상을 포함한다. 정확히 어떤 기능인지는 말하기 쉽지 않다. 이를 언급하는 이유는 다른 사람들을 이해하는 능력에 결함이 있다고 해서 도덕적 결함으로 간주해서는 안 된다는 점을 확인해두기 위함이다. 타인을 이해하는 데 있어 특별한 차이가 도덕적 결함을 만든다.

도덕성의 본질을 이해하는 데 사이코패스의 결함은 이미 언급된 로버트 블레어의 연구(1995)에서 명확해진다. 블레어는 위험한 재소자들을 대상으로 투리엘의 실험을 재현했다. 일찍이 투리엘은 어린아이들이 사회 규약의 위반과 기본적 도덕 원칙의 위반을 구별할 수 있다는 점을 발견했다. 그에 비해서 블레어가 확인하게 된 것은, 자신의 피험자들이 보통 어린아이들보다 그 둘의 차이를 잘 구별해내지 못한다는 점이었다. 실제로 그들은 모든 도덕 규칙을 일종의 규약이자 사회적 협의의 결과물로 여겼으며, 제재를 피할 수 없는 상황에서는 따르는 게 옳지만 그 규칙 자체에 강제력이 있지는 않다고 생각했다. 이러한 실험 결과는 그들이 도덕 원칙과 사회 규약의 차이를 이해하지 못한다는 사실을 보여준다. 그래서 블레어는 폭력 억제 기제를 가정했던 것이다.

철학자 숀 니콜스(2002)는 이러한 결과에 대해 논하면서 소시오패스는 연관된 원칙 집합, 즉 사회적으로 용인되는 것을 상황별로 분류한 일종의 '도덕 이론'에 의거해 도덕적 맥락에 대처한다고 설명한다. 소시오패스는 이 가설에 따라 실제로 살인과 사기가 '잘못되었다'고 믿을 수 있다. 하지만 거기서 살인과 사기를 피할 조치를 취해야 한다는 결론을 도출하지는 않을 것이다.

이러한 관점에서 나온 흥미로운 결과는 소시오패스가 원칙적으로는 도덕적인 사람일 수 있다는 점이다. 어떤 소시오패스가 지옥불의 공포 때문에, 아니면 자신의 잘못이 간파되기 쉽다는 생각 때문에 도덕적으로 행동하는 것이 자신의 이익에 부합한다는 확신을 갖게 되었다고 가정해보자. 그리고 그가 옳고 그름을 분류한 포괄적 가설을 갖추었다고 해보자. 이때 그는 다른 사람들에게 너그럽고 호의적으로 행동하고 정직하게 대하는 등의 행동을 할 만한 자기 본위적 이유를 갖게 된다. 그러므로 그는 그렇게 할 것이다. 이것은 진짜 도덕성과 얼마나 닮았는가? 이 질문에 대한 답은 도덕성이 어느 정도까지 이론의 형태로 집약될 수 있는가에 대한 생각에 달려 있다. 몇몇 철학자들은 바로 그 이론을 정립하기 위해 많은 노력을 기울였다. 마치 소시오패스들의 삶을 더 쉽게 만들어주려는 듯이! (이 대목에서 우리가 다음 장에서 논의할 나치 정권의 아돌프 아이히만이 연상될 법하다. 그는 자신이 칸트의 법칙 중심적 도덕철학을 따른다고 생각했다.) 최근의 철학자들은 타인에 대한 행위 원칙들이 보편적 이론으로 정립될 가능성에 대해 훨씬 더 회의적이다.

악의 장벽 이론

누군가를 폭력적이라고 하거나 소시오패스로 묘사한다고 해서 그 또는 그의 행동을 악하다고 규정하는 것은 아니다. 사실 순전히 심리적인 프로필은 결코 악의 정의가 될 수 없다. 하지만 위험 인물의 심리와 인간의 행동 동기에 대한 철학적 설명을 접목한다면, 우리는 악의 정의에 좀 더 가까이 다가갈 수 있을 것이다. 이 철학적 설명은 동기의 도덕적 성격을 판단하는 데 지침이 되어줄 것이다. 한편 지극히 정상적인 사람들이 혼란이나 자포자기 또는 강박증에 사로잡혀 저지르는 악한 행동은 폭력적인 사람이나 소시오패스의 행동보다 훨씬 극악하다는 점도 유념해야 한다. 우리는 다양한 유형의 병리적 심리와 일상적 악의 배후에 자리한 동기 사이에서 매우 일반적으로 드러나는 유사성을 찾아야 한다. 우리가 공포와 혐오로 조응하는 그 동기가 무엇인지를 찾아보자.

나의 이론을 제시하려면 먼저 행동 일반의 전형적인 동기 유형을 간략히 묘사해볼 필요가 있다. 어떤 문제에 직면해 있는 한 여성을 생각해보자. 가령 그녀가 차 안에 열쇠를 둔 채로 문을 잠가버렸다고 하자. 가장 먼저 그녀는 가능한 해결 방안들을 떠올릴 것이다. 차 유리창을 부수거나, 근처 가게에 들어가 정비소에 전화를 걸거나, 아니면 집까지 걸어가 여분의 열쇠를 가져올 수 있다. 이제 그녀는 세 가지 방안 각각의 장점과 단점을 따져볼 것이다. 그중 한두 가지 방안이 괜찮아 보인다면, 긍정적 요소와 부정적 요소를 자세히 비교하고 실행 가능성을 따져보며 더 구체적으로 검토할 것이다. 만약 셋 다 가망이 없다면, 다른 방안을 찾아볼 것이다. 그리고 결국 무슨 방법으로든 조치를 취할 것이다. 이 대부분의 과정은 자동적으로 이루어져서 제대로 의식하지도 못할 텐데, 특히 무수히 많은 가능성 중에서 극히 일부만을 선택했다는 점을 자각하지 못할 것이다. (그녀는 차 문을 열어줄 수 있는 경찰의 주의를 끌려고 옷을 전부 벗어버릴 수도 있고, 아니면 아예 차에 불을 질러서 문제 자체를 없애버릴 수도 있다.) 그리고 자신이 왜 어떤 행동은 고려하고, 어떤 행동은 고려하지 않는지에 대해 전혀 알지 못할 것이다.

행동을 비교할 때는 확실히 그 도덕성에 대한 고려가 이루어진다. 여기서 선별된 해결책들이 더 참작될 때, 도덕적 고려는 이미 초기 단계에서 제기된다. 열쇠를 안에 두고 차 문을 잠근 여성은 지나가던 행인을 붙잡아 그의 머리로 차 유리를 깨겠다는 생각은 하지 않는다. 가장 근본적인 이유는 보복이나 법적 처벌에 대한 두려움이 아니라, 타인에게 해를 입히거나 고통을 주는 행위를 꺼리는 인간의 뿌리 깊은 성향에 있다. 말하자면 그런 행위가 고려되지 않도록 가로막는 장벽이 존재하는 것이다. 그러나 극복할 수 없는 장벽은 아니다.

자동차 문을 여는 명백한 방법들이 모두 실패한다면, 그녀는 남편에게 전화를 걸어 그녀의 상황에 대해 죄책감을 느끼게 만들지도 모른다. 죄책감에 빠진 남편은 마감이 코앞에 닥쳤는데도 일을 중단한 채 집으로 차를 몰아 여분의 열쇠를 찾은 다음 그녀에게 전달해줄 것이다. 그러나 우리는 해로운 행동을 막는 우리 내부의 장벽에 의해 걸러졌을 선택사항들을 고려하도록 강제되어야 한다.

우리는 무의식적으로 해로운 행동을 걸러낸다. (당신의 친구가 당신에게 죽음이나 신체적 장애를 야기할 만한 행동을 고려해봤다면, 비록 그 스스로는 그런 생각을 항상 거부한다고 해도 당신은 그의 정신 상태를 의심할 것이다.) 이러한 경향 중 일부는 분명 인간에게 내재된 특질이지만 우리는 그렇게 행동하는 방법을 배우기도 해야 한다. 우리가 선택들을 걸러내는 데는 많은 이유가 있다. 그중 한 가지는 어느 분야에서든 잘못된 행동을 걸러내고 올바른 행동을 추구하는 것이 성공의 핵심적 기술이기 때문이다. 사회 생활에서 선량하고 책임감 있는 일원이 되는 핵심 기술은 무엇이 올바른 행동인지를 즉각적으로 파악하는 데 있다. 이러한 것들이 아리스토텔레스가 적절히 묘사했던 미덕에 해당한다. 용기는 위협에 맞서는 것이 언제 올바르고, 언제 어리석은지 아는 것이다. 용감한 사람은 문제를 충분히 의식해가며 해결하기에는 시간이 부족한 상황에서 올바른 선택을 하는 사람이다.

가능한 행동들에 여과 장치가 필요한 이유는 해로운 행동을 막기 위함이다. 그리고 지금 우리에겐 그 이유가 중요하다. 고려 대상이 되면 안 되는 행동을 막지 않은 것이 바로 악한 동기의 본질이기 때문이다. 물론 가장 도덕적인 사람이 고려 대상에서 제외한 어떤 행동이 실제로는 유익한 결과를 가져왔을 수도 있다. 그리고 금지되었어야 하는 어떤 행동이 그 동기가 아무리 비난받을 만하다고 해도 결과가 악하지는 않은 것이다. 이로써 우리가 악한 행동에 대해 첫 번째로 시도하는 정의는 다음과 같다. 악한 행동이란 예측되는 결과가 타인의 고통이나 굴욕을 수반하는 행동이며, 실행이 고려되면 안 되는 행동이다. 우리 정신에는 악을 막는 장벽이 내재해야 한다.

'해야 한다(되어야 한다)'는 단어에 주목하라. 우리의 정의는 명시적으로 가치 판단을 내포하고 있다. 얼버무림과 모호함에도 주목하라. 어쩌면 무고한 사람들에게 죽음이나 극도의 고통, 굴욕을 가하는 행위를 고려해야만 하는 상황이 있을지도 모른다. 폭력에 대한 근본적 금지 말고도 우리가 행동을 고려할 때 기능하는 장벽이 있다. 우리는 자라는 동안 복잡한 사회에서 제 몫을 수행하는 법을 배우게 된다. 무엇보다도 타인에게 부당한 짐을 지우지 않도록 행동하는 법을 배우고, 인간 상호간 협력의 가능성을 우선시하며 자신의 선택들을 걸러내는 법을 배운다. 그런 식으로 우리는 제각기 마땅한 자리에 있어야 할 많은 장벽들을 인식해간다. 마땅한 자리의 장벽, 의무적 장벽인 한 이를 위반하는 행동도 악을 야기할 수 있다.

　나는 위에서 제시한 악한 행동의 정의가 첫 번째 시도라고 했다. 이 정의는 몇 가지 문제를 안고 있다. 먼저 잔혹 행위 금지 장벽을 위반하는 모든 잘못된 행위가 악으로 여겨질 소지가 있다. 이는 올바른 것 같지 않다. 예컨대 극심한 도발을 당한 사람이 상대방을 폭행해 크게 다치게 했다면, 그 행동은 잘못일 수 있지만 악하게 보이지는 않는다. 뿐만 아니라 비폭력적인 악 또는 지능적인 악과 관련해서도 문제점이 있다. 우리는 즉각적 혐오감을 유발하는 행동에 대해서는 쉽사리 악이라 규정하는 반면에, 이런저런 관련성을 깊이 따져봐야만 심각한 잘못임을 깨닫게 되는 행동에 대해서는 다소간 유보적인 태도를 보인다. 그러나 이러한 범주의 악이 존재한다는 사실을 명심해야 한다. 요컨대 우리가 제시한 정의는 한편으로 너무 많이 포괄하고, 다른 한편으로는 너무 적게 포괄하고 있다. 거의 모든 우리의 행동은 어느 시기에, 세계 어딘가의 다른 사람들에게 심각한 악영향을 끼친다. 우리는 그중 상당수 행동에 대해 도덕적 관점을 가져야만 하며, 이는 깊은 성찰까지는 아니더라도 제대로 생각할 시간과 지성만 있다면 가능한 일이다. 우리의 정의에 내포된 위험성은 그것을 문자 그대로만 해석한다면 인간의 어떤 행동이든 악으로 규정될 수 있고, 다른 한편으로 성찰력과 통찰력의 한계를 이유로 조건부로 해석한다면 사람들이 자각하지 못한 채 악을 저지르는 많은 경우들이 제외된다는 점이다. 따라서 우리에게는 동기 유형을 좀 더 깊이 파고드는 정의가 필요하다.

내가 제안하는 정의는 다음과 같다. 자신이 선택할 행동들을 심의하는 과정에서 타인에 대한 위해와 모욕을 금지하는 의무적 장벽을 회피할 수 있는 전략 또는 학습된 절차를 통해 행동을 결정할 경우, 그 행동은 악하다. 이러한 정의를 따르자면, 단발적 분노 행동은 그 행위자가 정기적으로 사용하는 절차에 의한 것이 아니므로 악하지 않다. 다른 한편으로 폭력적인 사람이 저지르는 과격한 폭행은 자신의 목적을 이루려고 습득한 전략이기 때문에 악을 야기할 것이다. 그러나 이 정의는 비폭력적이거나 의식하지 못한 악을 포착하는 데 여전히 틈이 많아 보인다. 이러한 종류의 악은 흔히 자기기만의 형태를 취하는데, 자신이 초래한 끔찍한 결과를 스스로 보지 못하게 하는 법을 찾는 것이다. 이 과정에는 대체로 다른 사람들의 도움이 개입한다.

자기기만의 강조는 매우 중요한 사실과 연계된다. 우리의 문화와 사회는 상당히 불완전한 창조물로서, 공동의 품위 있는 삶을 모색하는 가운데 숱한 우연한 운명적 전환을 통해 발전해왔다. 현존하는 각 사회의 안정성은 모호한 도덕적 지위라는 요인들에 의존하고 있다. 그중 극단적인 예는 노예제 사회와 여성의 예속에 의존한 사회다. 거의 모든 사회는 아이들을 물리적 위협이나 처벌, 제약으로 통제하는 데 동의 또는 의존하던 때가 있었다. 우리 사회는 범죄자들을 감금하는 관행에 의존하지만 감금에 따르는 고통에 비해 결과는 시원찮을 뿐이며, 국경으로 세계를 구분하는 관행에 의존하지만 그 구분으로 대부분 사람들은 자유로운 이동을 제약받는다. 또한 우리 사회는 수많은 동물들을 열악한 환경에서 사육하다가 도살 공장으로 보낸다.

　미래 사회가 우리를 뒤돌아본다면 틀림없이 몇몇 관행에 대해서는 박수를 보내고, 다른 관행들에 대해서는 한숨을 쉬거나 어깨를 으쓱하면서 거기에 변명의 여지가 없다는 점을 깨닫기까지 왜 그렇게 오래 걸렸는지 의아해할 것이다. 그러나 그 모든 관행들에 둘러싸인 우리로서는 무엇이 옹호할 만한 것이고, 무엇이 아닌지를 쉽게 알 수 없다. 사실 그것을 알게 된다면 사회 구성원으로서의 소임을 순순히 수행하기 어려울 것이다. 우리는 때때로 우리 사회가 이상에서 너무 멀어져 있다는 암시를 받으면서도 이를 마음 한구석에 밀쳐놓는다.

　노예제 사회의 평범한 구성원들을 떠올려보자. 그들 중 다수는 노예 개개인의 고통에 대한 연민의 순간을 겪으면서, 또는 인간 기본권의 원칙이나 만인에 대한 신의 사랑이라는 기독교 교리에 비추어보면서 어렴풋이 자신들의 사회가 악한 토대에 놓여 있다고 느꼈을 것이다. 보통 그러한 의심은 재빨리 사라져버리지만, 만약 너무 자주 의심이 일어난다면 아예 의심을 없애버리는 기술을 배우게 된다. 자신의 행동이 잔혹함을 야기한다는 사실을 직시하지 않기 위한 전략들을 습득하는 것이다. 그런 방식으로 품위 있고 선의가 넘치며 책임감 있는 사람들 다수는 스스로가 막연하게만 감지하는 악에 연루된다.

그와 정반대인 경우도 같은 이유로 일어난다. 해로운 행동을 하지 못하게 막는 금지를 피하는 방법이나 악을 막는 금지를 피하는 방법을 얼마든지 쉽게 배울 수도 있는 것처럼, 그와 반대로 해로운 행동의 금지를 피하는 적절한 방법을 배우기란 극히 어려운 일일 수도 있다. 우리는 해로운 행동을 허용하는 사회적 규칙들을 배우지만, 그중 일부는 우리의 본능과 위배된다.

예를 들어 당신이 어떤 능청스러운 소시오패스 성향의 소아성애자에게서 한 아이를 보호하고 있다고 가정해보자. 당신은 손에 총을 쥐고 있고, 그는 순진한 웃음을 지어 보이며 당신에게 다가온다. 가까이 오지 말라는 당신의 경고를 무시한 채 그가 손을 뻗쳐온다. "설마 쏘진 않겠죠? 어떻게 된 건지 설명할게요." 조금만 더 가까이 다가오면 그가 당신의 총을 빼앗고 아이를 데려갈 수 있다. 당신은 가급적 그를 죽이지 않으려 하지만 어쨌든 총을 쏴야 한다. 이 행동을 하기 위해서 당신은 폭력에 대한 금지를 극복해야 한다. 그것은 당신이 받은 교육이나 성격에 따라 쉬울 수도, 어려울 수도 있다. 만일 당신이 속한 문화권에서 아동을 괴롭히는 치한에 대한 정형화된 이미지를 심어주었다면, 그런 사람을 해치는 일은 좀 더 쉬울 수도 있다. 이런 경우에는 정형화된 이미지가 효과를 발휘해 옳은 행동을 더 쉽게 해낼 수 있는 방법을 제공한다. 이 상황에서 폭력에 대한 금지는 극복되어야 하므로 당신의 행동은 악하지 않다. 우리에게는 동정심이라는 자연적 성향을 무력화하는, 문화적으로 정의된 규범이 필요하다. 이러한 규범이 없다면 우리는 때때로 해야 할 행동을 하지 못하게 된다. 그러나 규범은 위험하다. 사회적 규칙이 정말 옳을 때와, 그것이 단지 악에 대한 문화적 변명에 지나지 않을 때를 구별할 수 있는 쉬운 방법은 없기 때문이다.

공포의 시대처럼 극단적인 상황에서는 양심이 들려주는 소리에 반해서 행동하게 된다. 한나 아렌트(1963)가 말했듯이, "많은 독일인들은 (……) 아마도 그들 중 대다수가 살인하지 않고, 약탈하지 않고, 이웃을 죽게 하지 않도록 하는 유혹을 분명히 받았을 것이다."

작은 규모의 악

우리가 제시한 정의에서 내가 보기에는 바람직하지만 논란이 될 수도 있는 몇 가지 결과들이 도출된다. 그중 하나는 악한 행동의 동기가 꼭 악의인 것은 아니라는 점이다. 예를 들어 어떤 소시오패스가 자신이 원하는 새 차를 얻기 위해서 특별히 해칠 의향은 없이 노부부가 평생 저축한 예금을 사취하려 한다. 그에게 이것은 자신의 목적을 이루기 위한 가장 좋은 방법일 뿐이다. 그러나 만일 그가 노부부의 가난과 절망을 생각하면서 즐긴다면, 그 행동이 악하다는 점은 두말할 나위가 없다. 무정한 소시오패스의 이미지는 무관심으로 악을 행하는 것이 악의로 악을 행하는 것만큼이나 쉽다는 점을 상기시키는 예로 기억해둘 만하다.

　폭력도 악의처럼 악한 행동에서 본질적이지 않다. 폭력에 관한 중요한 사실은, 폭력이 고통을 유발한다는 점과 폭력적으로 행동하려면 정당한 이유로 존재하는 장벽을 넘어서야 한다는 점이다. 그러나 고통을 유발하는 데는 많은 방법이 있고, 그 방법들에 상응하는 의무적 장벽들과 이 장벽들을 피할 방법들이 많다. 그만큼 지능적인 악이 행해질 여지가 많은 것이다. 아파트가 심한 미진에도 붕괴되리라는 것을 알면서도 지진 지대에 건설을 허가한 부패 공무원의 행동은 악하다. 충분한 증거로 소아성애증 혐의를 받고 있는 성직자를 아이들과 관련된 직무로 전직시키는 인사 발령권자의 행동도 악하다.

　우리의 정의에서 가장 논란이 많은 결과는 죽음이나 극심한 고통, 치명적 모욕을 수반하지 않는 작은 규모의 악을 허용하는 것이다. 다른 사람에게 해를 입히는 행동은 그 정도가 비교적 가벼운 편이라 할지라도 고려 대상이 되면 안 되는 경우들이 있다. 예컨대 내 강의 도중에 한 학생이 내가 대답할 수 없는 질문을 했다고 가정해보자. 나의 체면을 살리는 한 가지 방법은 오히려 그 학생에게 쏘아붙이는 것이다. "그런 질문을 하는 걸 보니 주제를 거의 이해하지 못했군요. 더 현명한 질문을 할 학생 없어요?" 이러한 행동은 분명히 그 학생의 입을 다물게 할 테고, 그에게 낭패감과 어쩌면 우울증까지 안겨줄지도 모른다. 바로 나 자신은 겪고 싶지 않은 증상들이다. 또 다른 예로, 너무나 당혹스러운 사실을 알게 되었는데 비밀을 지키겠다는 약속을 어기고 세상에 떠벌리는 사람을 상상해보자. 이러한 행동과 그보다 훨씬 더 심각한 악행의 공통점은 다른 사람을 모욕하지 않도록 막는 장벽을 무시한다는 점이다.

이처럼 우리의 정의는 흔히 악으로 간주되는 것의 바로 아랫부분에 위치하는 행동들을 허용하고 있다. 이는 의도된 결과로서, 곧 그 이유를 밝힐 것이다. 또한 그 정의는 심각한 잘못을 비롯해 많은 종류의 잘못을 의도적으로 배제한다. 잘못이긴 해도 무능력과 오판에 따른 행동이 배제되고, 잔혹하지 않은 잘못된 행동은 그 정도가 심할지라도 죽음, 고통, 모욕이 수반되지 않는 한 배제된다.

아마 대부분의 악하지 않은 잘못된 행동은 이 세 가지 범주 중 하나에 들어갈 것이다. 첫 번째 범주의 예는 1장에서 다룬 트루먼과 원자폭탄 사례가 될 것이다. 두 번째 범주에 속하는 악하지 않은 잘못, 오판의 예는 어디에나 있다. 곤경에서 벗어나고자 거짓말을 하거나 자기 소유가 아닌 물건을 가져가는 일은 대체로 잘못이지만 악하지는 않다. 그러한 행동은 고려해보는 것은 말할 나위도 없고 실행에 옮기는 것도 금지된 것은 아니기 때문이다.

우리는 세 번째 범주에 속하는 잔혹하지 않고 악하지 않은 잘못을 종종 간과한다. 이런 종류의 잘못에는 심각하게 나쁜 결과를 초래하기도 하는 부당함, 기만, 신뢰 위반이 포함되지만 특정한 희생자에게 가해진 큰 해는 포함되지 않는다. 예컨대 법학

전문대학원의 입학 담당 직원이 성차별적 요소를 입학 정책에 은밀히 끼워 넣음으로써 그렇지 않았을 경우에 비해 훨씬 더 적은 수의 여성들이 입학 허가를 받았다고 가정해보자. 이는 부당한 일이고, 그는 비난을 받아야 한다. 그러나 그 행동이 악하지는 않다. 피해자들은 모두 대학 졸업생들로서 생계를 꾸려갈 다른 방법이 있다. 대학원 입학에서 부당한 대우를 받지 않았을 경우에 비해 수입이 줄고 덜 만족스러운 생활을 하게 될지도 모르지만, 그들 중 누구도 단지 이 일 때문에 인생이 파탄 났다고 말하기는 어려울 것이다. 무수한 사람들에게 가해진 중간 규모의 부당함이 더 적은 수의 피해자에게 가해진 잔혹 행위에 비교될 수 있다면, 법학전문대학원의 부당한 입학 정책은 많은 악한 행동들 못지않게 나쁜 결과를 가져왔다고 할 수 있다. 그러나 지금의 쟁점은 어느 것이 더 나쁜가가 아니라, 어느 것이 악한가라는 문제다. 만약 '악'이라는 표지가 우리의 반감을 극적으로 표현하는 수단을 넘어서 그 이상의 역할을 하게 된다면, 특정 개인에게 고통, 죽음, 모욕을 주지 않은 부당함에 대해서는 그 표지를 부여해서는 안 된다.

진짜 악

우리가 내린 악의 정의는 매우 잘못된 행동 중 상당수를 그 범주에서 배제하고, 오히려 그보다 잘못의 정도가 덜한 행동을 경계선에 애매하게 위치시키는 결과를 초래하는데, 여기에는 나름의 의도가 담겨 있다. 그 의도란 즉각적 공포를 불러일으키는 행동보다 더 심층적 차원에서 벌어지는 행동, 그리고 일반적으로 잘못이라 여겨지는 행동보다 더 특수한 종류의 행동에 주목하려는 것이다. 나는 어떤 행동을 악으로 규정할 때 그 행동이 일어난 이유와 그에 합당한 반응을 알려주는, 해명 능력과 도덕적 의의를 함께 지닌 개념을 찾으려 한다. 바로 악의 장벽 이론이 그런 역할을 한다. 악한 행동은 행동을 선택하는 방법의 특수한 종류의 실패, 즉 잔혹 행위를 막는 장벽이 극복되거나 약화된 상황에서 발생한다. 이러한 일은 아주 많은 방식으로 이루어지는데, 그중 일부는 별도의 연구 대상으로 삼을 만큼 중요한 가치가 있다. 특히 자신의 해로운 행동이 아무 문제 없다고 스스로를 확인시키는 자기기만의 다양한 체계적 형태들을 파악하는 일은 대단히 가치 있는 작업이다. 정상적인 아이가 폭력적인 성인이 되는 과정을 더 정확히 추적하는 것 역시 중요하다. 그러나 악한 동기의 이런저런 형태들은 어떤 행동을 악하다고 규정하게 하는 중요한 특성을 보여준다는 점에서 뚜렷한 공통점을 갖는다.

용기와 비교하는 것이 도움이 될 수도 있다. 다양한 유형의 사람들이 여러 다른 이유에서 용기 있는 행동을 한다. 제정신이 아니라고 할 정도의 위험은 아니더라도 가치 있는 목적을 이루기 위해 큰 위험을 무릅쓰는 사람들이 있다. (바로 이 점이 용기 개념에서 주요한 구성 요소로서, 무모함과 용기를 구분 짓는다.) 그들의 용기 있는 행동은 어떤 특수한 종류의 동기적 특성에서 비롯된다. 그런데 이 특성은 대중적이지 않은 시각을 옹호하는 지적 용기를 보이는 사람과, 갇혀 있는 인부들을 구하려고 무너져가는 건물로 들어가는 사람에게서 각기 다른 방식으로 작용한다. 어떤 용기는 가졌지만 다른 용기는 갖지 못할 수도 있는 것이다. 그렇지만 어떤 종류의 용기든지 용기 있는 행동을 하도록 유도할 것이며, 그들의 행동은 용기를 빼놓고는 어떤 식으로도 이해되기 어렵다.

예를 들어 대체로 부정적 반응을 얻고 있는 견해 때문에 공격받는 상황에서 정치적 용기를 지닌 사람이라면 어떻게 행동할지 궁금해졌다고 가정해보자. 그는 논란이 된 그 관점 그대로를 진지하게 지지하는 것은 아니라고 변명할까, 아니면 자신의 견해가 당장에는 비판을 받고 있지만 옳은 것이라고 대중을 설득하려 할까? 대중을 설득하는 것은 용기 있는 행동일 수 있지만, 정치적 자살행위가 될 수도 있다. 그가 무엇을 할지, 그리고 무엇을 확실히 하지 않을지를 알려면 용기 있는 선택이 무엇인지 알아야 한다. 또한 용기 있는 사람이 어떻게 생각하는지 이해하거나 상상할 수 있어야 한다. 용기를 이해하지 못한다면 용기를 낼 수도 없다. 여기에 다른 대안은 없다.

마찬가지로 악한 사람이 무엇을 할지 알고 싶다면, 악을 어느 정도는 이해해야 한다. 도덕적 무능, 의지박약, 무책임과 그 밖의 갖가지 나쁜 성격에 대한 이해는 도움이 되지 않는다. 필요한 것은 악이다. 당신이 거래하는 상대방이 매우 영리하고 독선적이며 도덕주의자처럼 행세하지만 실상은 악한 거물이라고 가정해보자. 당신은 그가 당신에게서 거액을 빼낼 방법을 찾아내리라는 점을 안다. 그의 시도를 막는 일은 한편으로 상당히 어렵겠지만, 용의주도하고 그럴듯한 몇몇 원칙을 따른다면 가능한 일이기도 하다. 당신이 대비해야 할 상황은 이렇다. 그는 악하기 때문에 당신에게 해를 끼치지 못하도록 막는 장벽을 피할 방법을 알게 될 텐데, 도덕주의자이자 금융 천재이므로 그 방면의 방법을 찾을 것이다. 그를 단지 나쁜 금융 천재로만 알고 있다면, 이같은 정보를 얻기 어렵다. 따라서 어떤 행동이나 사람이 악하다고 하는 것은 당신이 그에 대해 특정한 행동 선택 방법, 다시 말해서 상대가 해를 끼치는 행동을 막는 장벽에 저지되지 않고 행동을 선택하는 방법을 찾는 것이다. 당신이 찾는 그 방법은 악의 종류와 사람에 따라 결정된다.

　악한 행동은, 내 식으로 이해하자면, 악하다고 분류될 정도로 심각한 잘못은 아니지만 악한 행동과 같은 부류의 심리학적·도덕적 성격을 띠는 행동들과 상당한 공통점이 있을 것이다. 이에 대해서는 앞 절에서 논했다. 악한 행동은, 잘못이 아니므로 악하지는 않지만 잔혹한 결과로 이어진 매우 심각한 행동들과도 공통점이 많을 것이다. 지금 나는 정당성을 지닌 해로운 행동을 떠올리는 중이다. 단순한 사례로는 앞서 예시했듯 아이를 보호하기 위해 누군가를 총으로 쏴야 하는 경우가 있다. 그러나 더 심한 경우도 있다. 다른 환경에 놓였다면 악한 행동으로 이어질 동기를 가졌지만, 일종의 도덕적 운으로 해를 끼치는 성향이 오히려 유용하게 쓰이는 삶을 살게 되는 사람들의 경우다. 그 확연한 예

정당한 명분으로 행동했다고 믿어오던 살인자와 고문자의 자기 회의는 소설이나 영화에서 자주 다루어지는 주제다. 『카라마조프가의 형제들』의 '대심문관' 장을 모티프로 한 그림.

〈블레이드 러너〉의 주인공은 자신이 파괴하던 안드로이드가 단순히 기계가
아니라 자의식을 지닌 존재임을 깨닫는다.

는 조국을 지키기 위해 침략자들을 죽여야만 하는 전쟁이다. 그
러나 평화로운 시기가 찾아왔을 때 일부 특출한 전쟁 영웅들은
악에 맞서는 데 필수적이던 자신들의 기질이 어느새 악을 저지를
수 있는 위험에 스스로를 몰아넣고 있음을 발견하게 된다.

　물론 '유용한 잔혹성'이란 실제로는 평범한 악에 지나지 않
을 수도 있다. 말하기 어려운 문제지만, 잘 알려져 있듯이 스스로
가 정당한 명분으로 행동했다고 믿어오던 살인자와 고문자의 자
기 회의는 소설이나 영화에서 자주 다루어지는 주제다. 도스토
옙스키의 『카라마조프가의 형제들』의 '대심문관' 장(재림한 예수
가 종교재판에서 유죄판결을 받는 이야기), 리들리 스콧의 영화〈블
레이드 러너〉(안드로이드들을 파괴하던 자가 그들이 단순히 안드로
이드가 아니라 자의식을 지닌 존재임을 깨닫는다), 그리고〈콰이어

트 아메리칸〉(그레이엄 그린의 소설과 두 편의 영화 모두에서 주제는 "나는 그가 일으킨 문제에 대해 더 나은 동기를 가진 사람을 결코 알지 못했다"이다)까지 작가들이 탐구한 주제는, 얼핏 보기에는 선한 명분 때문에 타인에게 끔찍한 행동을 하지 않게 하는 금지를 위반하게 되는 상황의 모호성이다. 이처럼 도덕적 중립 지대에서 이루어지는 행동을 이해하려면, 악한 행동 뒤에 있는 동기를 거의 ─ 정확히는 아니지만! ─ 자기 것으로 습득한 듯 사고해야 할 것이다.

악한 사람들, 악한 사회

우리의 논의가 잠시 악한 사람들에 대한 이야기로 흘러가긴 했지만, 장벽 이론은 악한 행동에 대한 이론이다. 행동과 사람을 구분하는 것은 중요하다. 왜냐하면 누구나 악한 행동을 할 수 있고 가장 끔찍한 사람들의 행동조차 전혀 악하지 않은 경우가 허다하기 때문이다. 우리의 시점이 행동에서 사람으로 미끄러지는 가장 흔한 사례는 악한 행동을 많이 저지른 사람을 악하다고 규정하는 경우다. 하지만 여기에는 그보다 깊은 차원의 연관성이 있다. 장벽 이론에 따르면, 악한 행동은 잔혹 행위를 막는 장벽을 피하는 체계적인 방법에서 기인한다. 그것은 또한 행동을 선택하는 방법이나 자신을 속이는 방법 같은 성격의 근본적 특질에서 나올 수도 있다. 따라서 악한 사람이란 장벽과 협상하는 방법이 그 성격의 핵심 요소로 자리 잡은 사람이라고 생각하는 편이 좀 더 합당한 관점일 것이다.

악한 성격은 네 가지 종류로 명확히 구분된다. 첫째로 잔혹 행위를 막는 정상적 장벽을 아예 갖지 않은 사람들이 있다. 극단적인 예로는 한때 사이코패스라고 불리던 폭력적 성향의 소시오패스를 들 수 있다. 둘째로는 장벽을 피할 방법을 익히는 학습 과정을 거친 후 필요할 때마다 이를 활용할 수 있는 사람들이 있다. 즉 폭력화 모델이 이에 해당한다. 셋째 종류는 장벽을 무력화하는 문화적 토양에서 신념 체계가 형성된 사람들이다. 잔혹 행위를 매우 쉽게 용인하는 인종적 편견과 도덕적 믿음이 대표적이다. 마지막으로 넷째 종류는 위반을 용이하게 할 수 있는 신념 체계와 사고방식을 스스로 만들어낸 사람들이다. 이런 경우에는 자신의 우월성이나 독자적으로 창안한 이데올로기에 대한 위험한 환상이 작용한다.

둘째와 셋째 경우에서 악한 성격이 만들어지는 과정에는 사회적 영향이 있다. 격식을 차린 옷차림에 온화함과 격려가 담긴 표정을 지으며 창밖에 서 있는 뱀파이어처럼, 사회는 진정한 유혹의 힘을 발휘한다. 우리는 악을 행할 때나 다른 사람에게 악이 행해지는 것을 내버려둘 때 그에 대한 사회의 승인을 구한다. 그리고 이 사회적 승인의 일부, 다수의 경우는 해당 사회가 특정한 잔혹성 경향에 의존하고 있기 때문에, 그리고 그런 경향을 막기 위한 변화가 어렵기 때문에 이루어진 것이다. 그러나 우리는 이 사실을 거의 깨닫지 못한 채 사회적으로 승인된 악을 당연시한다. 그리하여 유감스럽지만 과연 무엇이 필연적이며, 또한 무엇이 우리를 악의 공범자로 만드는지에 대해서 깊이 생각하려 하지 않는다.

이러한 문제들을 제대로 고찰하기란 매우 어려워서, 한 사회의 구성원은 자신이 다른 사회의 구성원에게 어떻게 비치는지 거의 짐작도 못 하는 상황에 놓이기도 한다. 이에 관한 중요한 예로는 풍족한 사회의 구성원들과 낙후된 사회의 구성원들이 갖는 상호 보완적 이미지를 들 수 있다. 가난하고 불안정한 사회와 교류하는 부유하고 안정적인 사회를 떠올려보라. 미국과 중앙아메리카, 이스라엘과 팔레스타인같이 사회적·지리적 거리와 무관하게 경제적으로 풍족한 사회와 낙후된 사회가 얽혀 있는 상태는 사실 전 세계적 표준이나 다름없다. 부유한 사회의 사람들은 가난한 사회의 사람들이 왜 자기들처럼 일하고, 자기들처럼 살지 않는지를 잘 이해하지 못한다. 그들은 가난한 사회가 스스로 일어설 생각은 하지 않고 부유한 사회의 재산을 탐내기만 한다고 의심하며, 부유한 사람에게 폭력 행사도 서슴지 않을 잠재적 도둑이라 여긴다. 그들은 가난한 사회 전체를 폭력적 개인의 이미지로 환원해 바라본다.

반면 가난한 사회는 비용이 얼마 들지 않는 방식이 가능한데도 부유한 사회 사람들이 왜 가난한 사회를 도와주지 않는지 이해하지 못한다. 그들은 부유한 사회 사람들이 다른 사람의 곤경에 무관심하다고 의심을 하며, 동정심을 발휘할 능력이 없기 때문에 가난한 사람들의 삶이 어떤지 신경 쓰지 않는다고 여긴

9·11 테러범들은 미국을 그들이 소중하게 여기는 가치를 위협하는
악의 이미지로 환원하였기에 무자비한 테러를 저지를 수 있었다.

다. 그들은 부유한 사회 전체를 소시오패스의 이미지로 환원해
바라본다.

두 가지 이미지는 서로를 강화한다. 9·11 테러 사건의 납
치범들을 생각해보라. 그들은 아주 강력한 악한을 공격하고 있
다고 생각했고, 적이 아주 강력하므로 그 구성원에 대한 동정심
은 부적절하다고 보았다. (이런 사고방식을 이해하려면 영화〈스타
워즈〉1편에서 관객들이 데스 스타를 공격하는 반란군에게 감정이입
했던 점을 생각해보라. 음산한 악의 요새가 폭파될 때 관객들은 무수

한 주민들이 죽었다는 점을 좀처럼 알아차리지 못한다.) 서구 문화, 특히 미국에 대한 9·11 납치범들의 증오는 이데올로기 차원으로 이동했다. 그러나 그들의 행동에 동기를 부여하는 데는 증오로 충분하지 않다. 어쨌든 이 증오는 이슬람에 대한 충성과 연결되었는데, 이슬람에서는 사실 전쟁에서 비전투원을 표적으로 삼는 것을 명백하게 금지한다. 9·11 납치범들 다수는 순교에 매혹되었다. 그들 중 적어도 한 사람, 특히 주도적 인물이었던 모하메드 아타는 여성에 대한 깊은 증오심을 품고 있었다. 실제로 사건이 벌어지기 전 몇 달 동안 아타에게서 잠재적 위험성을 느낀 사람들은 모두 여성이었다. 납치범들의 내면에 감정과 신념이 정확히 어떤 방식으로 조합되었는지는 결코 알 수 없겠지만, 거기에는 분명 그들이 죽이려는 사람의 인간성을 외면하는 방식이 포함되었을 것이다. 그들이 미국에 대해 가졌던 악의 이미지, 즉 그들이 가치 있게 여기는 것을 노리는 냉혹하고 계산적인 소시오패스적 위협이라는 이미지는 그들이 저지른 테러 행위에서 가장 중요한 원동력으로 작용했다.

　청찬할 만한 사실은 미국 사회가 다양한 이슬람 문화를 한데 묶어 폭력적 개인의 이미지를 통해 바라보려는 정반대의 유혹을 꽤나 성공적으로 피해왔다는 점이다. 그러나 이러한 관용이 어떤 사회든 회피할 수 없는 근본적 질문을 막아서는 안 될 것이다. 사회는 개인에게 어떤 역할을 제공하여 그 개인으로 하여금 다른 사람들에게 하는 행동의 실상을 외면하도록 돕는가? 그다음으로는 우리가 잔혹 행위를 저지른 가해자에 대해 이해해야 할 부분이다. 그는 어떤 방법으로 잔혹 행위를 막는 장벽을 피했는가? 사실상 이 질문이 이 책의 핵심 메시지라 할 수 있다. 단지 악한 욕망에 대해서만 의문을 품어서는 안 된다. 그보다 더 깊은 곳, 특정한 욕망의 작동을 막아야 하는 장벽이 무력화되는 지점을 살펴봐야 한다.

주
.

폭력화의 과정

사람이 어떻게 폭력적으로 변하는지에 대한 이론과 자료로는 로니 에이든Lonnie Athens의 『폭력적 범죄행위와 행위자 재고』Violent Criminal Acts and Actors Revisited(Chicago: University of Illinois Press, 1997), 리처드 로즈Richard Rhodes의 『그들은 왜 죽이는가』Why They Kill(New York: Vintage, 2000), 로이 바우마이스터의 『악: 인간의 폭력과 잔인함의 내부』 8장, 조너선 셰이Jonathan Shay의 『베트남의 아킬레스: 전투 트라우마와 성격의 파멸』Achilles in Vietnam: combat trauma and the undoing of character(New York: Maxwell Macmillan, 1994)을 참고할 수 있다.

폭력적 상태로의 이행

투리엘의 평화적 상태와 폭력적 상태의 구별은 『사회적 지식의 발달: 도덕성과 관습』The Development of Social Knowledge: morality and convention (Cambridge: Cambridge University Press, 1983)에서 확인할 수 있다. 숀 니콜스Shaun Nichols의 「감정 있는 규약: 도덕적 판단의 심리학적 설명을 향하여」Norms with feeling:towards a psychological account of moral judgment(Cognition, 84, 2002, pp. 221~236)도 참조할 수 있다. 투리엘과 니콜스 모두 관습적인 것과 도덕적인 것의 구별에 기대고 있는데 일부 관습은 도덕적 힘을 갖는다는 점에서 한계를 안고 있다. 제대로 된 구별은 비관습적 근원을 가진 도덕 원칙과 임의적 관습으로 나누는 것이다. R. J. R. 블레어의 연구는 「도덕성에 대한 인지 발달적 접근: 사이코패스 조사하기」A cognitive developmental approach to morality: investigating the psychopath(Cognition, 57,

1995, p.129)에서 볼 수 있다.

내가 사용한 한계 접근 모델은 비선형 동력학의 '파국 이론'을 응용한 것이다. 여기서 내가 채택하고 있는 관점을 평이한 언어로 해설한 논문으로 크리스토퍼 제만Christopher Zeeman의 「파국 이론」Catastrophe theory(*Scientific American*, 4, 1976, pp. 65~83)을 참조할 수 있다. 제롬 바코Jerome H. Barkow, 레다 코스미데스Leda Cosmides, 존 투비John Tooby, 『개조된 정신: 진화심리학과 문화 개발』The Adapted Mind: evolutionary psychology and the development of culture(Oxford: Oxford University Press, 1992) 같은 진화심리학 문헌에서도 영향을 받았다. 폭력으로의 이행에는 게임 이론적 양상이 드러난다. 일부 개인들이 폭력을 사용할 수 있다면, 비폭력적 상호작용이 양쪽에 더 좋을지라도 다른 사람들 역시 폭력을 사용할 능력을 필요로 하게 된다. 반면에 양쪽 모두 폭력 사용 능력을 가지고 있다는 점을 서로 알고 있다면, 그 능력이 실현될 가능성은 더 낮아진다.

산악가 조 심슨Joe Simpson의 인용문은 『유령들의 게임』This Game of Ghosts(New York: Vintage Books, 1994) 120쪽에서 옮겨왔다. 이 책 내용의 대부분은 '이행'이라는 주제와 관련되어 있다. 87, 107, 150~151, 232, 321~323쪽도 참고할 만하다.

폭력화 과정에 대한 나의 논의는 폭력적인 개인들이 신경학적으로 보통사람들과 다르다는 점을 부정하는 것이 아니다. 리타 카터Rita Carter의 『뇌 맵핑마인드』Mapping the Mind(London: Weidenfeld & Nicolson, 1998)● 는 여러 가지 병적 측면, 특히 폭력과 상관 관계가 있는 전두엽 손상에 대해 기술한다. 외상적 경험은 돌이킬 수 없는 신경학적 손상을 가할 만큼 복잡한 요인으로 작용한다.

소시오패스 혹은 선택적 감정 불능

반사회적 인격 장애에 대한 정의의 출처는 『정신장애 진단 및 통계 편람』

●　리타 카터, 『뇌 맵핑마인드』, 양영철·이양희 옮김, 말글빛냄, 2007.

Diagnostic and Statistical Manual of Mental Disorders(Washington, DC: American Psychiatric Association, 1980)이다. 반사회적 인격 장애에 대한 '정의'는 서로 느슨한 연관성을 갖는 여러 특성들의 묶음으로 이루어져 있다. 나는 폭력이나 충동 성향보다는 감정이입의 실패를 강조했다. '사이코패스', '반사회적 인격 장애', '반사회적 인격' 같은 용어는 여전히 혼동되기 쉽다. 블레어의 연구는 폭력적 사이코패스로 분류된 범죄자들의 연구에 기초하고 있다는 점에 주목할 필요가 있다. 이 연구 대상자들 다수는 폭력적이고 소시오패스 성향을 가지고 있었을 테지만, 그들의 심리가 제각기 다양했다는 점도 분명한 사실이다.

내가 반사회적 인격 장애의 정의를 처음 접하게 된 건 악에 관한 유익한 자료집인 아멜리 로티Amélie Rorty의 『악의 여러 가지 모습』The Many Faces of Evil(New York: Routledge, 2001)을 통해서였다.

최근 도덕철학에서는 도덕적 능력과 명시적 규칙에 대한 인식 간의 상관 관계가 그다지 높지 않다고 본다. 이와 관련해서는 스탠리 클락Stanley Clarke과 에반 심슨Evan Simpson(eds)의 『윤리학과 도덕적 보수주의에서의 반이론』Anti-theory in Ethics and Moral Conservatism(Albany: SUNY Press, 1989)과, 필리파 풋Philippa Foot의 『미덕과 악덕』Virtues and Vices(Oxford: Blackwell, 1978)을 참고할 수 있다.

악의 장벽 이론

이 절의 설명은 이브 개러드Eve Garrard의 연구에서 영향을 받았다. 그녀의 논문 「설명적 개념으로서의 악」Evil as an explanatory concept(The Monist, 85, 2002, pp. 320~336)에서 관련 내용을 볼 수 있다. 개러드는 존 맥도웰 John MacDowell의 영향을 인정한다. 로저 크리스프Roger Crisp와 마이클 슬롯Michael Slote(eds)의 『덕 윤리학』Virtue Ethics(Oxford: Oxford University Press, 1997, pp. 142~162)에 실린 맥도웰의 「미덕과 이성」Virtue and reason

을 참고할 수 있다.

우리는 '악'이라는 표현을 행동, 행동의 결과, 행동의 동기, 성격, 사회적 집단 전체를 규정하는 데 사용한다. 따라서 행동 속성으로서의 '악'은 '의도적인', '서두르는', '정교한' 등과 마찬가지로 행위자의 의도를 반영하는 것이다.

악한 선택을 배제하는 여과 장치는 다른 다수의 선택들도 배제한다. 아무리 진지하게 고려한 선택일지라도 여과 장치를 통해야만 하는 까닭은 우리가 가능한 모든 것을 검토할 수 있을 만큼 지적이거나 합리적이지 않기 때문이다.

데이비드 브라이언 데이비스David Brion Davis는 『서구 문화에서 노예제도의 문제』The Problem of Slavery in Western Culture(Oxford: Oxford University Press, 1988)에서 노예 소유주들이 어떻게 자기 행동의 본질을 보지 못하는지에 대해 논의한다. 아렌트의 인용문은 『예루살렘의 아이히만』 Eichmann in Jerusalem(New York: Viking Press, 1963) 150쪽에서 가져왔다.

이 장에서는 장벽의 방해를 멈출 수 있는 방법으로 피해가기, 극복하기, 약화하기 같은 다양한 은유를 사용한다. 이 방법들은 제각기 다른 종류의 악에 적합해 보이므로 한 가지 표현을 고수하지 않았다.

작은 규모의 악

법학전문대학원의 부정 사례는 클라우디아 카드의 『잔혹성 패러다임』 5장에 나온다. 나는 「불공평/불평등: 카드의 정의와 악의 균형 잡기」Inequity/iniquity: Card on balancing justice and evil(Hypatia, 19.4, 2004)에서 악과 부당함의 사이에서 균형을 잡는 법에 관한 카드의 견해를 검토한 바 있다. 그 논문에서 나는 아우구스티누스가 신중하게도 살인이 아닌 무의미하고 사소한 절도 행위를 악의 중요한 예로 거론하는 대목을 인용했는데, 그로써 비록 논란의 여지는 있지만 잘못의 정도가 크지 않은 행위도 악의 특성을 떨 수 있다는 점을 보여주려 했다.

진짜 악

도덕적 속성이 인간의 행동을 설명하는 데 유효하다는 점에 대해서는 니컬러스 스터전Nicholas Sturgeon의 「도덕적 설명」Moral explanations[제프리 세이어-맥코드Geoffrey Sayre-McCord(ed.)의 『도덕적 현실주의에 대한 에세이』Essays on Moral Realism(Ithaca, NY: Cornell University Press, 1988, pp. 229~255)], 노예제도의 사례를 연구한 조슈아 코헨Joshua Cohen의 「도덕적 세계의 포물선」The arc of the moral universe(*Philosophy and Public Affairs*, 26, 1997, pp. 91~134), 애덤 모턴Adam Morton의 『이해되는 것의 중요성: 윤리학으로서의 통속 심리학』The Importance of Being Understood: folk psychology as ethics(London: Routledge, 2002) 4장을 참고할 수 있다.

도덕적 운에 관해서는 토머스 네이글Thomas Nagel과 버나드 윌리엄스Bernard Williams의 학술 토론회 논문으로 시작된 논쟁을 참조했다. 「도덕적 운」Moral luck(*Proceedings of the Aristotelian Society*, supp. vol. 50, 1976, pp. 115~151). 그 토론의 결론에 따르면 한 사람의 도덕적 품성과 그가 언제, 어디에서 살았는가라는 우연적 요소가 관련이 없다는 생각은 근거가 빈약하다.

악한 사람들, 악한 사회

모하메드 아타의 성격은 주로 그가 만났던 여성들이 주목했는데, 이에 대한 언급은 『더 가디언』The Guardian 2002년 9월 5일자 기사에서 볼 수 있다.

악몽 그 자체인 사람들

§3

이 장에서는 진짜 공포, 진짜 악몽 그 자체인 사람들을 살펴볼 것이다. 현실뿐만 아니라 악몽에 관한 것이다. 이는 우리가 최악의 부류에 속하는 사람들에 대해 갖는 이미지들이 그들과 어떻게 관련되는지, 그 이미지들이 실제를 유지하고 형성하는지에 대해 묻는다. 이 장은 이 최악의 부류들처럼 되는 것을 상상하려 할 때 겪는 어려움에 대한 더 나은 이해를 목표로 삼는다.

테러리스트, 연쇄살인범, 강간범, 폭군과 그 동조자들(고문자, 비밀경찰, 강제수용소 간수들). 빈 라덴, 번디Bundy◆, 서트클리프 Sutcliffe◆, 히틀러, 아이히만, 스탈린, 베리아Beria▲. 이들은 우리가 가장 피하고 싶어 하는 사람들이다. 그러나 그들 모두는 제각각이다. 연쇄살인범이 되는 것, 또는 최소한 연쇄살인범의 표준 프로필과 일치하는 사람을 상상하는 것조차 매우 어렵다. 당신은 의심할 수도 있겠지만, 자신을 테러리스트라고 상상하거나 어떻게 테러리스트가 될 수 있는지 아는 일은 그렇게 어렵지 않다. 이 장에서는 당신의 의심을 해소해보려 한다. 폭군의 동조자들에 대한 상상은 연쇄살인범과 테러리스트 경우에 비해 수월해 보인다. 악의 평범성이라는 한나 아렌트의 명제는 바로 그들에게 적용되는 것이다. 그 명제가 옳다면 우리의 생각과 달리 그들은 우리와 그렇게 다르지 않으며, 그 다름의 정도도 우리의 추측보다 작을 것이다. 나 역시 잔혹한 체제의 부역자들에 대한 아렌트의 주장 중 상당 부분에 동의하지만, 그 주장이 다른 종류의 악에 대해서도 설득력을 갖는지는 의문이다. 어쨌든 중요한 점은 악이 끼치는 공포가 얼마나 다양한지를 인식하는 것이다. 따라서 나

◆ 1974년에서 1978년까지 미국에서 30여 명의 여성들을 살해했다. 매력적인 외모와 언변으로 '연쇄살인의 귀공자'로 불렸다.
◆ 1975년부터 1980년까지 영국 요크셔에서 13명의 여성들을 잔인하게 살해했다. 그는 여자들을 죽이라는 예수의 목소리를 듣고 그에 따랐다고 주장했다.
▲ 스탈린이 반대자들을 숙청할 때 중요한 역할을 한 소련의 비밀경찰 국장.

는 공포의 종류를 하나씩 다룰 것이다. 하지만 악몽 같은 이미지를 모두 다루지는 않을 것이다. 이와 관련해서 나는 이미 많은 것을 생각하고 읽었으며, 그 이상으로 너무 많이 알고 싶지는 않다. 이제 연쇄살인범, 국가가 지원하는 잔혹 행위의 실행자, 소설 속 살인자에 대한 묘사를 차례대로 살펴보자.

연쇄살인범, 성과 폭력의 매우 위험한 결합

돈이나 어떤 확실한 이익을 목표로 하지도 않으면서 일정한 기간 동안 한 번에 한 사람씩 살인을 거듭해 다수의 생명을 빼앗는 사람들이 존재한다. 20세기 후반 어느 시기에 연쇄살인범들의 존재가 널리 알려졌고, 문학과 영화는 그들의 존재에 매혹을 느끼기 시작했다. 실제 살인범들의 명단은 우리에게도 많이 알려졌다. 테드 번디는 정중하고 능란한 말솜씨로 영리한 여성들로 하여금 경계심을 풀고 목적지도 모른 채 낯선 남자를 따라가게 했다. 제프리 다머는 피해자들에게 약을 주입해 죽이고 강간했으며 때로는 시간도 했다. 그의 냉장고는 피해자들의 훼손된 신체 부위로 가득 차 있었다. 해럴드 시프먼은 자신의 환자였던 여성 노인들을 한 사람씩 차례로 살해했다. 프레드와 로즈메리 웨스트의 집에 끌려간 많은 소녀들은 다시는 모습을 보이지 않았다. 전혀 짐작할 수 없는 동기로 움직이면서도 피해자를 고르고 범죄를 은폐하는 데는 극도로 영리하고 기민한 연쇄살인범의 이

희대의 연쇄살인범들. 위부터 테드 번디, 제프리 다머, 해럴드 시프먼.

미지는 매혹적으로 다가온다. 그들은 정상은 아니지만 영리하다. 미디어가 그들에게 매료되지 않았다 해도 연쇄살인범들은 존재했겠지만, 미디어가 아니었다면 그들이 직접 연쇄살인범이라는 명칭을 자신들에게 붙이고 또 그 명칭에 영향을 받는 일은 없었을 것이다. 연쇄살인범들은 전체 인구에서 매우 낮은 비율로 늘 존재해왔고, 연쇄살인은 항상 자연사가 아닌 사망 사건 가운데 아주 작은 비율을 차지했던 것 같다.

연쇄살인범들의 범죄에는 대다수 사례에 부합하는 전형적 형태가 있다. 살인자는 보통 자신의 성적 취향에 맞는 성별을 대상으로 범행한다. 살인자는 대개 남성이므로 피해자는 보통 여성이나 동성애자 남성이 된다. 매춘부들은 인기 있는 표적이다. 쉽게 접근할 수 있으며 취약하기 때문이다. 하지만 표적은 매우 다양하다.

이러한 범죄 유형들의 이면에는 살인범들의 심리 상태가 자리한다. 세부적 요소마다 예외가 있긴 하지만, 이들 살인범에게서도 일정한 유형이 발견된다. 일반적이지는 않지만 그들 중 일부는 어린 시절에 육체적 또는 성적 학대를 받은 경험이 있다. 살인범은 청소년기에 흔히 사회적으로 고립된 상태에 놓였으며 내성적이었다. 흔히 성적 내용이 포함된 폭력에 대한 환상이 청소년기와 성인 초기에 자주 나타난다. 환상에 의존하는 성향은 종종 감정적인 무미건조함을 수반한다. 일상생활에서는 특별한 감정을 느끼지 못하는 것이다. 때로 집요한 망상에 사로잡히거나 수집에 강박적으로 매달리는 성향도 있다. 그러다 어느 순간, 대개는 우발적으로 첫 번째 살인이 발생한다. 그 후 다음 살인으로 이어지기 전까지는 공백 기간이 있다. 그러나 한 번이나 그 이상의 공백 기간 후에는 오랜 기간에 걸쳐 살인이 연쇄적으로 이어질 수 있다.

연쇄살인범들은 체포된 상태에서 기자나 범죄심리학자들한테 자신들의 동기를 들려주기도 한다. 그들의 말은 매우 조심스럽게 받아들여야 한다. 먼저 그들은 범행 동기에 대해 질문을 받는데, 이는 사실 그 누구도 명확한 자기 인식을 하지 못하는 부분이다. 자신의 성적 취향이나 왜 그런 생활 방식을 선택했는지에 대해서 조금이라도 설득력 있게 말할 수 있는 사람은 없다. 살인자들은 범죄를 계획한 방법과 당시의 생각이나 감정에 대해서는 더 잘 알고 있을지 모르지만, 무엇을 생각하고 느꼈는지 말하는 것과 왜 그렇게 생각하고 느꼈는지 말하는 것 사이에는 큰 격차가 있다. '무엇'이라는 문제에 대해서조차 우리는 그들의 말을 주의해서 받아들여야 한다. 다른 사람들과 마찬가지로 그들도 자신들의 삶을 이해 가능한 유형에 맞추려고 애쓰지만, 그들은 일반인들이 정상적인 삶을 묘사할 때나 사용하는 막연한 추정과 어휘에서 벗어나지 못한다. 이러한 것들로 그들의 삶을 설명하려고 하다보면 혼동을 불러일으키기 쉽다. 또한 그들은 자신들의 삶을 추잡하고 혐오스럽기보다는 의미 있는 삶으로, 더 나아가 매혹적인 삶으로 묘사하려 한다. 번디의 경우가 바로 그렇다. 그는 이상심리학 학위가 있는 데다 현학적 어휘를 능숙히 다루면서 다른 사람뿐 아니라 자신조차 혼란스럽게 만들었는데, 자신의 동기가 단순히 강간이었으며 살인은 부수적인 것이었다고 주장했다. 1980년대 뉴욕 지역에서 17명의 젊은 여성을 살해한 조엘 리프킨은 시간증에 전혀 관심이 없다고 주장했지만, 물리적 증거는 이와 모순되게 드러난다. 우리는 그들이 자기 자신에 대해 많이 알고 있다고 믿어서는 안 된다.

그렇다면 연쇄살인범의 머릿속에서는 무슨 일이 일어나고 있는가? 그들이 모두 제각각의 다른 인물들인 한 그 다양한 사례들에서 표준화된 문화적 이미지에 상응하는 단 하나의 심리적 유형을 끌어내기란 불가능할 것이다. 따라서 여러분은 내가 예로 드는 프로필도 주의해서 다루어야 한다. 어쩌면 살인자들의 자술서를 대할 때만큼이나 신중함이 필요할 것이다. 다음 경우를 상상해보자. 강박적 사고와 폭력에 매료되는 성향을 가진 사람이 있다. 그는 번번이 폭력적으로 행동하지 않을지도 모르지만, 특히 성적 환상과 결부해 다른 사람을 해칠 생각을 하면 그 생각이 머릿속을 떠나지 않고 계속 맴돈다. 이러한 생각만 그의 머릿속에서 강박적으로 되풀이되는 것은 아니다. 자기 비하적이고 과장된 생각이 그의 머릿속을 멋대로 가득 채우는 경향도 있다. 자기 비하적인 생각에는 대개 고통스러운 우울증이 따라온다.

그는 어느 때인가 무슨 이유에서인지 아마도 성적으로 고조된 분위기에서 충동적으로 살인을 했는데 운 좋게도 붙잡히지 않았다. 그는 자신이 저지른 행동에 충격을 받긴 했지만 오랫동안 지녀온 환상을 막고 있던 장벽을 무너뜨렸다는 데 우쭐해하며 편안함을 느낀다. 그는 덜 우울해지며 좀 더 활기를 느낀다.

그러나 이제 그런 행동이 어떤 결과로 이어지는지 알게 되었으므로 환상을 막는 장벽은 더 강력하게 감시된다. 그러다가 다시 침울함에 빠지면 그는 다시 살인을 저지른다. 그는 살인이 가져다주는 해방감에 중독되었다는 것을 알게 된다. 이제 그는 정신적 균형을 잡기 위해 살인에 의존하게 된다.

이를 K프로필이라 부르자. 연쇄살인범들 중 일부 또는 다수가 적어도 이 프로필의 몇몇 측면에 부합할 것이다. 물론 이 프로필과 맞지 않는 경우도 분명히 많을 것이다. K프로필을 제시한 이유는 살인자의 심리학을 주장하려는 것이 아니라, 연쇄살인의 배후로 보이는 어떤 정신 상태를 상식적이고 직관적인 어휘로 기술할 수 있다는 점을 보여주기 위해서다. 이는 가장 끔찍한 행동을 저지르는 사람들조차 우리의 직관적 이해력을 완전히 넘어서지는 않는다는 생각을 뒷받침해준다. K프로필은 한편으로 2장에서 논의한 폭력적인 사람들의 프로필과 유사하다. 그 경우와 마찬가지로 살인범은 최초의 계기를 통해 특정한 행동을 막는 장벽을 어떻게 넘는지를 발견한다. 그러나 K프로필에서 장벽의 극복은 중독적인 해방감으로 이어진다. 살인범은 이 해방감을 필요로 하게 된다. 이 프로필은 다른 한편으로 소시오패스의 프로필과도 유사하다. 그러나 소시오패스적 성향을 조금도 갖지 않은 채 K프로필에 부합할 수도 있다. 다시 말해 소시오패스처럼 모든 상황에서 다른 사람에게 공감하지 못하는 태도가 필수 조건은 아니다. 바로 이 점이 연쇄살인범이 유독 한 범주의 피해자들에게 집중하는 경향을 보이는 이유다. 그 피해자들은 폭력적인 환상의 대상이 됨으로써 인간으로서의 현실성을 잃는다. K 프로필은 상습 도박꾼이나 모험가의 프로필과도 유사하다.

　그 프로필에서 드러나는 성적 특성은 성과 폭력 사이의 어떤 내재적 관련성에 기대어 있는 것이 아니다. 우리는 인정하기를 꺼려하지만 아마도 성과 폭력 사이에는 그런 종류의 연관성이 있을 것이다. 하지만 K프로필의 성적 특성은 이렇게 설명할 수 있다. 즉 성적 환상은 그 환상을 가진 사람도 통제할 수 없을 만큼 독자적인 생명력을 갖고 있기 때문에, 일단 그것이 폭력적인 이미지나 충동과 연결되고 나면 이 이미지와 충동까지도 떨쳐버리기 어렵고 통제가 불가능해진다는 것이다. 강박적 사고와 폭력적 충동 경향이 있는 사람에게 성적 대상을 격하하는 난폭한 포르노그래피는 여타의 음란물과 달리 성과 폭력의 매우 위험한 결합을 초래할 가능성이 있다.

비정상과 죄의 인식 사이에서

이 사람들은 정신이 이상한가? 정신이상을 주장하는 것은 쉽다. 보통 피고 측 변호사는 자신들의 고객에게 정신 질환이 있으므로 처벌보다는 치료를 받아야 한다고 주장한다. 연쇄살인범들은 포르노그래피에서 더 안전하게 얻을 수 있는 해방감과 성적 만족감을 위해 그들 자신의 삶과 자유, 인간적 가치에 대한 감각을 위태롭게 하는 행동을 한다. 이러한 행동은 그들의 현실 감각에 의문을 제기할 정도로 비이성적이지 않은가? 더군다나 그들의 행동은 정말 끔찍하다. 제정신인 사람이 어떻게 그런 행동을 할 수 있겠는가?

반대 주장도 분명하다. 보통 기소 검사와 전문가 증인들이 반대 주장을 제시한다. 명칭이 말해주듯이, 연쇄살인범은 여러 차례에 걸쳐 범죄를 저지르고도 교묘하게 법망을 빠져나갔다. 이는 그가 주의 깊게 음모를 꾸미고 실용적으로 사고했다는 뜻이다. 그리고 그가 종종 다른 사람들을 그럴듯하고 설득력 있는 태도로 대한다는 뜻이기도 하다. 반대로 망상형 정신분열증 환자도 살인을 저지르지만 현실 세계에서 자신들이 저지른 행동을 숨기지 못하므로 여러 번 빠져나가기는 어렵다. 일부 연쇄살인범들은 정신분열증 증상을 나타내지만 정상적 삶이 불가능할 정도로 증상이 심하지는 않다.

이 문제는 부분적으로 단어의 문제다. '정신이상'은 많은 것을 의미할 수 있다. 법적 맥락에서 그 단어는 보통 매우 제한적 의미를 갖는다. 형법상 책임능력이 있다고 판단하려면 행위자가 자신이 한 행동의 본질을 이해할뿐더러 그 행동의 옳고 그름도 인식할 수 있어야 한다. '옳고 그름'은 일차적으로 '합법적인지 불법적인지'를 의미하며, 부차적으로는 '한 사회의 도덕 개념과 일치하는지 일치하지 않는지'를 뜻한다. 소시오패스는 자신에게 도덕적으로 요구되는 것을 이해한다는 점에서, 이 요구가 내적 의무감을 활성화하는가 여부와는 별개로, 이 정의에서 말하는 옳고 그름의 차이를 알 수 있다. 사실 이것은 검찰 측 전문가 증인들이 흔히 제시하는 주장이다. 그들에 따르면, 우리가 생각하기에 제정신으로는 의도할 수 없는 범죄를 저지른 사람이라고 해도 타당한 의미에서 정신이상은 아니라는 것이다. 이 전문가들은 더 넓은 의미에서 그들에게 정신적 문제가 있을 수 있다는 점을 부인하지는 않는다. 실제로 그들의 정신 기능은 원만한 대인관계와 만족감을 주는 삶을 꾸려가기에 부적합한 방식으로 작동한다. 그러나 이 같은 넓은 의미의 정신 질환은 형사책임과 양립할 수 있는 여지가 크다.

이 사실들은 우리에게 좋은 참조가 되긴 하지만, 우리가 제기하는 질문과 아주 잘 들어맞지는 않는다. 우리가 구하는 답은 '정신이상', '책임', '책망', '알다' 같은 핵심 어휘들의 의미를 주의 깊게 다뤄야 할 것이다. 세 가지 점은 꽤 명확하다.

첫째, 끔찍한 범죄를 저지른 사람들 중 다수가 사회 규칙을 이해하고 있다는 점에서 검사 측 전문가들은 옳다. 범죄를 저지르는 사람들은 일반적으로 무엇이 잘못된 것으로 여겨지는지 알고 있다.

둘째, 옳고 그름을 아는 것은 다면적인 일이다. 소시오패스는 옳고 그름의 의미에 대해 매우 불충분한 감각을 갖지만, 사람들이 금지하고 비난하므로 행동이 잘못되었다는 점을 이해할 수는 있다. 그는 잘못된 행동, 특히 신체적 손상을 포함한 잘못된 행동이 왜 다른 사람들에게 혐오를 불러일으키는지 전혀 이해하지 못할지도 모른다. 아이들 역시 옳고 그름에 대해 실제적이지만 불완전하게 알고 있다. 지타 세레니가 아동을 살해한 메리 벨의 사건*에 대해 논하면서 말했듯이 "12세 이하의 아이들은 좋고 나쁨, 진실과 거짓, 그리고 무엇보다 죽음에 대해 꼭 성인같이 이해하지는 않는다. (……) 자신들이 저지른 잘못의 정도는 정말로 알지 못하더라도 잘못을 저지른 점은 항상 알고 있다." 옳고 그름을 아는 것에 대해 진지하게 이야기하려면 이처럼 세심한 서술은 필수적이다.

셋째, 온전한 정신 상태도 다면적이다. 대부분의 폭력적인 범죄자들, 심지어 대부분의 연쇄살인범들까지도 지극히 정상적인 욕구를 공통적으로 갖는다. 그리고 정신 상태가 온전한 대부분의 사람들은 자신들이 인정하는 것 이상으로 잘못을 행하고 싶은 욕구를 갖는다. (예를 들어 대부분의 정상적인 사람들이 폭력적인 환상을 갖는다는 연구 결과가 있다.) 무엇을 원하는가보다는 어떤 욕구에 따라 행동하는가에서 차이가 발생한다.

이 지점을 넘어서는 모든 것이 논란의 여지가 많다. 이후에 나는 몇 가지 개인적 확신을 표명하겠지만, 그것이 진실로 입증되었다고 주장할 생각은 없다.

우리는 누가 처벌받아야 하는지 질문할 수 있다. 이는 어느 정도는 실제적이고 합법적인 문제다. 법에서는 실제로 어떻게 말하는가? 법에서 어떻게 말하는 것이 사회의 이익을 위한 것인가? 우리가 법에서 말해주길 바라는 것은 우리가 폭력적인 범죄자들에게 취하는 태도에 부분적으로 의존할 것이다. 우리가 범죄자들을 비인간적인 야수로 간주한다면, 악어를 비난할 수 없는 것과 마찬가지로 그들을 비난할 수 없다. 하지만 그들에게 인

• 　메리 벨은 11세에 연쇄살인을 저지른 영국의 살인범으로, 지타 세레니는 메리 벨을 다룬 두 권의 책, 『메리 벨 사건』The case of Mary Bell과 『들리지 않는 외침: 메리 벨 이야기』Cries unheard: The story of Mary Bell를 썼다.

권을 부여할 필요도 없다. 우리가 그들을 죄인으로 바라본다면, 다시 말해서 근본적으로는 우리와 다를 바 없지만 끔찍한 짓을 저지른 사람으로 여긴다면, 비난을 주저할 필요는 없다. 그러나 그들을 대하는 방식에는 제약이 따른다. 대부분의 폭력적인 범죄 자들은 악어도 아니고 단순한 죄인도 아니며, 이 양극단 사이의 어디쯤 매우 혼란스러운 영역에 위치한다.

비난에만 너무 집중해서는 안 된다. 우리는 행위자가 그 행동의 결과를 미리 알고 있는 경우 과실에 대한 책임이 있다는 점을 인정해야 한다. 이는 정상참작의 소지가 다분한 사건에서도 마찬가지다. 그 사례 중 하나가 제3세계의 수많은 분쟁에 동원된 소년병들이다. 예를 들어 1990년대 버마에서 '신의 군대'에 납치된 아이들은 잔인하게 개조되어 사람들을 죽이고 불구로 만드는 악랄한 행위자가 되었다. 버마 정부군 측에서도 수많은 아이들을 강제 징집했다. 휴먼 라이츠 워치Human Rights Watch• 보고서에 따르면, 13세 아이가 "부대원들이 샨 소수민족 여자들과 아이들 열다섯 명을 학살하는 것을 보았다. 여자들은 눈가리개를 씌운 채 기관총으로 쏘아 죽이고, 세 명의 아기는 다리를 잡아 휘두르며 바위에 부딪히게 해 죽였다." 유사한 여러 이야기들이 최근 아프리카 지역 분쟁들에서도 흘러나온다. 소년병들이 자신들의 변화에 저항할 힘이 거의 없었다는 사실을 우리는 알고 있다. 그러나 이렇게 안다고 해서, 비극적이게도 그들 각자가 수많은 범죄에 책임이 있다는 사실에 대해 침묵해서는 안 된다.

다른 한편으로 비난을 어떻게 **표출**해야 하는가는 훨씬 더 복

• 1978년 결성된 국제 인권 단체.

1990년대 버마에서 '신의 군대'에 납치된 아이들은 잔인하게 개조되어
사람들을 죽이고 불구로 만드는 악랄한 행위자가 되었다.

잡한 문제일 것이다. 잔혹한 행동에 대해 책임이 있는 누군가에
게 분노, 공포, 절망, 그리고 다른 수많은 감정을 표출할 수 있다.
그런데 살인을 저지른 아이들의 경우로 돌아가보면, 그들의 유죄
를 인정하는 일은 거센 응징적 분노에 휩싸이지 않고서도 가능
하다. 1993년에 제임스 벌거라는 유아를 죽인 두 명의 아이들에
대해 들끓었던 영국 여론이 바로 그런 분노에 빠져 있었다.♦ 당
시 영국 정부는 그 아이들의 형량을 8년에서 15년으로 늘림으로
써 여론에 부응했다. 이 조치는 아이들의 인생을 정치적으로 이
용한 것이나 다름없으며, 그들이 성인 법정에서 재판받아서는
안 된다는 유럽인권재판소▲의 판결도 이를 뒷받침해준다. (아니
면 우리는 보복적 태도가 적절했다고 판단할 수도 있다. 그러나 깊은

♦　영국에서 10대 소년 베너블즈와 톰슨이 두 살짜리 제임스 벌거를 유
　　괴해 살해한 사건을 말한다.
▲　유럽인권조약에 기반해 1959년 설립된 인권 관련 재판소.

생각 없이, 그리고 책임에 뒤따르는 자동적 결론으로서 판단해서는 안 된다.) 다음 장에서는 악에 대한 반응으로 나타날 수 있는 다양한 감정을 탐색할 것이다. 그 많은 감정들 가운데 어느 것이 어떤 경우에 가장 이치에 맞는가를 열심히, 그리고 면밀히 생각해봐야 한다.

국가의 잔혹 행위

20세기에는 끔찍한 결과로 이어진 두 시스템이 함께 등장했다. 근대적 국가 조직과, 유사 과학적이고 유사 종교적인 이데올로기가 바로 그것이다. 바로 그 이데올로기의 미명 아래 히틀러가 집권한 나치 독일과 점령 국가들, 그리고 스탈린 치하 소비에트 연방국들에서 수백만 명이 살해되었다. 학살에 대해서는 새로운 것이 없다. 인간은 고대부터 전 인구를 전멸시킬 의도로 서로 학살해왔다. 종교적 예언이나 종교열熱을 비롯한 이데올로기를 통해 학살이 이루어졌다. 예를 들어 11세기에서 13세기에 걸쳐 일어난 십자군 전쟁은 흔히 대학살과 관련되었다. 제1차 십자군 전쟁으로 유럽에서는 많은 유대인들이 살해되었고, 이후의 십자군 전쟁들에서는 근동에서 많은 기독교도와 이슬람교도가 학살되었다. 20세기의 발전은 이 고대 전통과 근대 커뮤니케이션의 융합이었으며, 삶의 모든 측면과 연결될 수 있는 근대 국가의 능력이었다.

홀로코스트와 소비에트의 말살 행위를 다룬 책의 저자들 대부분은 국가의 본질이 그 사건들에서 중요한 역할을 했다는 점을 당연하게 여긴다. 그 국가들은 '전체주의' 체제였으며, 몇몇 비선출 지도자들은 피지배자들의 생명에 책임을 지지 않으면서 그들의 생사를 좌우하는 막대한 권력을 가졌다. 그리고 옳고 그름의 정의는 그 지도자들의 반박할 수 없는 몇몇 신념들과 관련한 해석을 따랐다. 전체주의 국가가 막대한 악의 자원을 갖는 이유는 명확하다. 전체주의 국가 안에 있는 사람이 국가의 결정에 이의를 제기하기란 거의 불가능하다. 그러나 오직 전체주의 국가만 잔혹 행위를 저지를 수 있는지는 전혀 명확하지 않다. 만약 전체주의 국가만 잔혹한 행동을 저지를 수 있다면, 비록 현재는 불완전한 상태에 있더라도 세계의 권력이 대체로 민주주의의 수중에 있으므로 위안이 될 것이다. 그렇기 때문에 더욱 주의해야 한다. 미국, 영국, 이스라엘 같은 민주주의 국가가 나치나 소비에트가 저지른 학살에 견줄 만한 거대한 규모의 학살을 저지를 수 있는가? 이 문제는 나중에 다시 다룰 것이다.

정부가 선동하는 거대한 규모의 잔혹 행위는 다양한 성격의 사람들을 필요로 한다. 그 잔혹 행위 과정의 말단은 살인과 강간 및 고문으로 이루어지므로, 그런 일에 기꺼이 가담하는 사람들이 필요하다. 적어도 그중 일부는 앞에서 다룬 K 프로필에 부합하는 폭력적인 사람들, 가학성애자, 잠재적인 연쇄살인범일 것이다. 그들은 잔혹한 행동으로 충족되는 충동과 환상을 가졌으며, 조직되고 통제되어야 한다. 따라서 그들의 폭력적 충동을 억제

하여 효과적인 전체 계획에 맞출 수 있는 사람들이 필요하다. 이 두 번째 부류의 사람들, 즉 조직자들은 폭력적일 필요가 없다. 그들은 도축장에라도 가면 구역질을 하는 정육회사 경영자와 마찬가지로, 자신들이 조직하는 행동에도 역겨움을 느낄 수 있다. 하지만 조직자가 되려면 유능한 사고방식 이상의 것이 필요하다. 폭력에 자극받지 않는 조직자는 폭력을 접했을 때 끔찍함을 느끼지 않도록 자신을 보호해야 하는데, 그 방법에는 두 가지가 있다. 하나는 이데올로기다. 조직자가 전반적인 목적의 숭고함을 스스로 설득할 수 있다면, 공포를 견디도록 무감각해질 수 있다. 한나 아렌트는 이 주제에 관한 기본적이고 필수적인 책인 『예루살렘의 아이히만』Eichmann in Jerusalem(1963)•에서, 대체로 좋은 교육을 받았으며 머리가 좋은 친위대 장교들의 혐오감-완화 기술에 대해 서술한다. 아렌트는 이렇게 말한다. "그 살인자들은 '내가 사람들한테 얼마나 끔찍한 짓을 했는가!'라고 말하는 대신 다음과 같이 말할 수 있다. 내가 의무를 따르기 위해 얼마나 끔찍한 일을 보아야만 했는가, 얼마나 무거운 직무가 내 어깨에 지워졌던가!"

혐오감을 느끼지 않게 하는 또 다른 방법은 상상하지 않는 것으로, 『예루살렘의 아이히만』의 주요 주제이기도 하다. 유럽 전역에 거주하던 유대인들의 강제수용소 이송을 조직한 독일 장교 아돌프 아이히만에 대해 아렌트는 이렇게 묘사한다. 즉 그는 고정된 실제적 틀 밖에서는 사고할 수 있는 능력이 거의 없고, 상투적 표현과 관료 어법을 제외하고는 표현할 능력이 없으며, 자

• 1961년 이스라엘 예루살렘에서 열린, 유대인 학살 책임자 아이히만의 재판 과정에 대한 기록을 담았다.

아돌프 아이히만은 유대인 학살에 있어 자신은 '직무'를 다했을 뿐이라며 끝까지 죄를 인정하지 않았다.

신의 행동을 다른 사람들이 어떻게 볼지 상상할 수 있는 최소한의 능력밖에 없는 사람이라는 것이다. 이는 폭력적이거나 가학적인 사람에 대한 묘사가 아니며, 실제로 아이히만은 사형장을 참관했을 때 공포에 사로잡히기도 했다. 그러나 상상력이 결핍된 사람의 지각은 과장된 의무감과 복종 의식으로 보완되므로, 그는 정해진 규칙에 맞게 일을 잘 해내는 데 큰 자부심을 가졌다. 그는 도덕성을 모든 사람이 따라야 할 법칙 체계라고 여긴 독일 철학자 칸트를 언급하면서 칸트주의자로, 도덕적인 사람으로 자처했다. 아렌트는 홀로코스트의 핵심 인물이 전통적 의미의 괴물이 아니라 단순히 결함이 많은 인간이었다는 사실에서 악의 평범성을 알게 되었다고 하면서, 자신의 충격을 압축적으로 이야기한다.

아렌트가 말한 악의 평범성 명제는 흔히 악의 본질에 대한 설명으로 여겨진다. 악은 평범한 사람들이 평범하고 상상력이 부족한 방식으로 행함으로써 이루어진다. 나는 악의 평범성 논의에 대해 악이 이런 방식으로도 일어날 수 있다는 것으로, 좀 더 제한된 방식에서 해석한다. 그런데 아렌트는 악에 대해 문화적으로 진부한 생각을 피하려 했음에도 욕망의 유사함이 곧 동기의 유사함을 의미한다고 생각하는 함정에 빠지지 않았는지 의심이 든다. 아렌트는 어떤 사람이 정상적인 것을 원하면서도 매우 비정상적일 수 있다는 점을 이해하지 못한다. 아우슈비츠에서의 경험에 대해 쓴 이탈리아 작가 프리모 레비는 이렇게 말함으로써 아렌트의 서술을 명시적으로 뒷받침한다. "이 사람들은 괴물이 아니었다. 나는 수용소에 있을 때 단 하나의 괴물도 보지 못했다. 대신 나는 독일에 파시즘, 나치즘이 있었기 때문에 그렇게 행동한 우리 같은 사람들을 보았다." 트레블링카 강제수용소 소장 프란츠 슈탕글과의 수많은 인터뷰에 근거한 지타 세레니의 서술역시 아이히만에 대한 아렌트의 묘사와 상당히 유사하다.

그러나 조직자들, 그중에서도 특히 상상력이 부족한 조직자들에게는 어느 방향으로 조직해야 할지 알려줄 필요가 있다. 여기에서 세 번째 필수 범주인 이론가가 들어온다. 이데올로기는 정치적·경제적·사회적·종교적 관념들의 집합으로서, 한 사회가 내려야 할 대부분의 결정을 좌우하도록 해석될 수 있다. 누군가는 그런 관념들을 해석하고, 이단적이거나 경쟁 관계에 있는 이데올로기를 금해야 한다. 따라서 지배 이념을 독점함으로써 사회를 통제하는 데 관심이 있는 사람들이 필요하다. 종교적 교리에 대한 철저하고 신실한 믿음에서 기회주의적 사기에 이르기까지 그런 사람들의 진실성은 다양할 수 있다. 모든 이데올로기가 거대한 규모의 잔혹 행위로 이어지는 것은 아니다. 예를 들어 몇몇 이맘*들의 코란 해석에 의거해 기본적인 정치 문제를 결정하는 이슬람 신정국가는 본질적으로 잔혹하지는 않다. 그러나 이견을 억압하는 힘은 항상 서투르게 작용할 가능성이 있는데, 현재 유일한 신정국가인 이란에서 바하이교* 신도들이 받는 대우를 보면 그런 좋지 않은 조짐이 보인다. 공식적인 믿음의 독점은 항상 조직자들과 폭력배의 연합을 초래하는 것 같다.

전체주의 체제의 잔혹 행위를 가능하게 하는 기본 특징은 국가 이데올로기에 대한 개인적 양심의 종속이다. 사실 '양심'은 상당히 뒤틀린 개념이 된다. 문명화된 사회에서 다른 사람을 해롭게 하거나 이용하려는 유혹에 저항할 만큼 교육을 받았고, 의지력이 있으며, 진정으로 양심적인 사람들은 올바르게 행동하려는 유혹을 거부하는 데도 동일한 자질을 적용할 것이다. 이와 관련해 아렌트의 표현을 반복하자면 "많은 독일인들과 많은 나치들, 아마도 그들 중 대다수가 살인하지 않고, 약탈하지 않고, 이웃을 죽게 하지 않도록 하는 유혹을 분명히 받았을 것이다. (……) 그러나 그들이 어떻게 그 유혹을 이겨내는 법을 알았는지는 아무도 알 수 없다."

이처럼 전도된 양심은 전체주의 국가에서만 가능한가? 나는 의심스럽다고 본다. 거대한 규모의 인종 학살은 캄보디아에서의

---

* 이슬람교 공동체의 지도자.
* 페르시아인 바하올라가 19세기 중엽 이란에서 창시한 종교로, 인류의 평화와 통일을 내세운다.

캄보디아 크메르루주의 지도자 폴 포트는 공산주의 이상향을 만든다는
이데올로기적 명분으로 수백만 명의 캄보디아인들을 학살했다.

폴 포트의 학살*과 르완다의 투치족 학살*처럼 사람들의 생명을
좌우하는 강력한 국가가 부재한 상태에서도 일어났다. 캄보디아
와 르완다의 경우에는 이데올로기와 효율성 및 사악함이 모두 일
정한 역할을 했지만, 강한 전체주의 국가의 요소는 없었다. 때로
는 단순한 독재정치도 전체주의 국가와 마찬가지로 나쁠 수 있
다. 이 점은 우리가 이 절 도입부에서 제기한 질문으로 향한다. 민
주주의 국가가 거대한 규모의 집단 학살을 자행할 수 있는가?

　　나는 민주주의 사회에 대규모의 잔혹 행위를 금하는 명백한
장벽이 있긴 해도 대학살이 일어날 수 있다고 생각한다. 이와 관
련된 두 가지 시나리오가 있다. 첫째로 극빈에 시달리는 이웃 국

- 　캄보디아 대학살, '킬링필드'라고도 불린다. 폴 포트의 크메르루주 정
  권이 세운 민주 캄푸치아(1975~1979) 정권 때 수백만 명 이상이 학살
  된 사건이다. 크메르루주 정권의 대학살 혐의에 대한 재판은 이루어졌
  으나 미국의 대량 폭격을 통한 학살에 대해서는 문제 제기가 제대로
  이루어지지 않았다는 비판이 있다.
- 　1994년 4~7월 100여 일 동안 일어난 르완다의 인종 학살 사건. 후투
  족이 투치족을 무차별 학살한 사건으로, 인구의 10퍼센트인 80만~
  100만여 명이 살해되었다고 추산한다. 벨기에가 식민 통치 기간에 소
  수 종족인 투치족을 우대하는 종족 차별 정책으로 투치족과 후투족 사
  이에 종족 갈등을 조장했다고 본다.

르완다 투치족 학살 피해자의 묘지. ©월드비전

가들에 둘러싸여 있는 부유한 민주주의 국가가 있다고 하자. 부
유한 국가가 이웃 국가들에 닥칠 비극적 기아를 막으려면 국내
제품의 상당량을 사용해야 하는데, 그러면 곤란과 결핍이 생길
것이다. 그런데 부유한 국가의 사람들은 앞으로 이웃 국가를 원
조하면 기아 문제가 더욱 심화되어 의존 상태가 초래되리라는
믿음에 사로잡혀 있다. 그들은 자립이 유일한 빈곤 해결 방안이
라고 생각하므로 이웃 국가들에게 어떤 도움도 주지 않는다. 그
후 이웃 국가들에서는 수백만 명이 굶어 죽는다. 부유한 사회의
구성원들 다수는 그 상황을 견딜 수 없다고 여기면서도 '원조는
상황을 악화할 뿐이다'라고 자기 주문을 반복하면서 불간섭주의
정책에는 반대하지 않는다. 모든 학교에서는 불간섭주의의 유익
함을 가르친다. 그리고 간섭주의자들은 가난한 사람들의 유일한

탈출구인 자립을 제거하려 한다는 점에서 살인자만큼이나 나쁘게 묘사된다. 기아를 다룬 텔레비전의 생생한 보도는 금지된다. 수백만 명이 굶어 죽고 한 세기가 지난 후, 무수한 고통스러운 죽음에 책임이 있는 부유한 사회의 구성원들은 공포에 떨면서 그 죽음을 돌이켜본다.

두 번째 시나리오로 테러리스트들의 연이은 공격을 받고 있는 한 민주주의 국가가 있다고 하자. 자살 폭탄 테러, 차량 폭탄 테러, 상수도 독극물 테러가 일상적으로 일어난다. 이 공격에 대한 비난이 어떤 국가와 유대 관계를 맺은 소수민족 구성원들에게 광범위하게 가해진다. 이로써 모든 잔혹 행위가 완전히 설명되는지는 확실하지 않다. 하지만 한 정당은 그 추정을 바탕으로 선거운동을 펼친 끝에 민주적으로 권력을 쟁취하고, 소수민족을 표적으로 삼는 이러한 추정을 지지할 경우에 선량하고 존경할 만한 사회 구성원이 될 수 있다는 분위기를 조성함으로써 권력을 유지한다. 테러 공격이 계속된다. 소수민족이나 다른 나라와 연계되어 있는 사람들의 이동이 매우 엄중하게 제한된다. 테러 공격이 계속된다. 결국 부득이한 제의가 이루어진다. 그 사람들이 모두 사라지면 이 모든 일이 끝난다는 것이다. 고등법원에서는 소수민족을 상대로 한 폭력이 일어난 경우, 적대적 소수민족 구성원들은 법의 보호를 받을 수 없다는 결정을 내린다. 반*공식적인 학살이 이어진다. 추후에 이 학살의 희생자들 가운데 대다수는 일반 시민들과 마찬가지로 테러리즘을 — 적어도 학살이 시작되기 전에는 — 끔찍하게 여겼다는 점이 명백해진다.

두 시나리오 모두 역사적 사실이 아니며, 실제로 일어날 가능성도 없을 것이다. 그러나 둘 다 쉽게 생각할 수 있고, 국가가 선동하는 다른 잔혹 행위들에서 보이는 요소가 포함된 이야기다. 즉 타인들에게 끔찍한 일이 일어나는 것을 보면서 느끼게 되는 혐오감을 극복하게 하는 사고방식이 포함된다. 그리고 전문적으로 그런 사고방식에 전념하는 사람들, 그런 사고방식을 피해자들에게 적용하도록 조직하는 사람들, 그리고 매우 소수의 폭력적이거나 가학적인 사람들이 포함된다. 이 마지막 무리, 즉 괴물들의 역할은 비교적 적다. 대부분의 일은 책임감 있고 성실한 사회 구성원이라고 믿을 만한 평범한 사람들이 한다. 민주주의 사회에서조차 품위 있는 사람들의 도덕적 상상력이 슬로건, 표지, 신념을 통해 저해될 수 있다. 한나 아렌트의 악의 평범성 명제에 관련된 가장 중요한 사례가 그 생각을 낳은 전체주의적 상황에서가 아니라 개인의 권리와 자유선거가 있는 사회에서 발견된다면 끔찍한 역설이 될 것이다.

테러리스트의 딜레마

테러리즘은 설득적 목적으로 잔혹 행위를 가하는 것이다. 테러리스트는 반대 세력에게 군사적으로 승리할 가망이 전혀 없으므로 테러리즘은 전쟁이 아니다. 대신 테러리스트들은 적국에서 공포, 격분, 사기 저하 등의 반응을 이끌어냄으로써 요구가 받아들여지기를 기대한다. 이렇게 정의된 테러리즘에는 전통적인 전쟁에서 승리하기 위해 사용하는 전략 행위는 포함되지 않는다. 제2차 세계대전 당시 양측에서 행한 도시 폭격은 상대편 주민들의 사기를 떨어뜨리려고 고안된 군사적 수단으로, 도덕적으로는 테러리즘과 유사하다. 그리고 오늘날의 '충격과 공포'• 전술은 시민 사상자를 많이 내지 않으면서 사기를 약화하려는 목적을 갖는다. 이 두 경우에 대해서는 논하지 않을 것이다. 내가 생각하는 테러리스트는 힘이 부족하므로 직접적 무력을 통해서는 상대편에게 자신의 뜻을 강요할 가능성이 거의 없는 사람이다. 테러리스트가 승리할 가능성은 상대편이 절실했다면 획득할 수 있을 승리를 대신 취하는 것뿐이다.

테러리스트는 잔혹 행위를 가해야 한다. 상대편에 공포가 퍼져나가지 않으면 테러리스트의 행동은 무의미해진다. 때로는 — 정부의 가정만큼 자주는 아니지만 — 명백히 올바른 일을 위해 전쟁을 옹호할 수 있다. 그러나 테러리즘은 항상 누구도 타인에게 끼쳐서는 안 될 결과를 안기는 것을 의미하므로 전쟁과 달리 옹호할 수 없다. 테러리스트들이 자신들의 행동을 옹호할 수 없다는 뜻은 아니다. 그들은 자신들의 행동을 다른 방식으로 옹호해야 한다. 자신들이 도덕적 딜레마에 빠졌다고 해야 한다. 즉 그들이 취할 수 있는 모든 행동에 심각한 반대 이유가 있는 상황이라는 것이다. 테러리스트의 딜레마는 정당한 대의를 포기하거나 끔찍한 결과를 낳을 수밖에 없는 방법으로 대의를 추구한다는 특성이 있다. 도덕 의식이 있는 테러리스트는 기본 제한을

• 미국 군사 전략가 할렌 울먼과 제임스 웨이드 전 국방부 차관보가 1996년에 펴낸 『충격과 공포: 신속한 승리를 위해』Shock and awe: Achieving rapid dominance에서 나온 용어다. 충격과 공포 전술은 압도적 군사력으로 공포감을 유발하고 적의 전의를 상실케 하는 목적을 가졌으며, 2003년 이라크 전쟁에서 사용되었다.

위반하는 행동을 하는 데서 비롯되는 죄책감에 맞설 준비가 되어 있어야 할 것이다. 그의 행동은 다른 행동들도 용납할 수 없었다는 사실을 통해서만 정당화된다.

테러리즘은 아나키스트들의 폭탄 테러와 함께 19세기 후반 현대 사회에서 시작되었다. 아나키스트들은 모든 정부가 억압의 수단이므로 그 체제를 붕괴시켜야 한다고 생각했다. 그 같은 부류의 아나키즘♦은 20세기 들어 사라졌다. 현대 사회에서 아나키스트 테러리즘에 가장 유사한 것으로는 극단적 자유주의와 미국의 백인 우월주의 운동이 있다. 이들은 실권이 없는 연방 정부에 대한 불신으로 오클라호마시티 연방 건물 폭파 사건▲ 같은 잔인한 행동까지 저지른다.

최근 역사에서 널리 퍼져 있는 테러리즘 형태는 세력이 약한 집단이나 소수민족들이 자신들의 국가를 세우려는 목적으로 강력한 국가를 붕괴시키기 위해 벌이는 조직적 활동이다. 그 예들로는 북아일랜드의 IRA■, 스리랑카의 타밀 타이거즈▼, 스페인 바스크 지역의 ETA••, 이스라엘 점령지의 하마스♦♦와 기타 집단들이 있다. 이들은 제각기 적대국의 평범한 시민 생활 현상 중 무엇이든 표적으로 삼아 총격과 폭격을 가함으로써 다수의 죽음을 야기했으며, 이를 통해 대다수 사람들에게 불안과 절망을 불러일으켰다. 그중 어느 테러리스트 조직도 적대국과 직접적으로 군사적 대치를 함으로써 성공할 가능성은 없었으므로 대신 공포라는 방침을

- ♦ 　모든 종류의 권력을 부정하고 개인의 자유를 추구하는 사상 및 운동.
- ▲ 　1995년 4월 19일, 미국 오클라호마시티 연방 정부 청사에서 일어난 폭탄 테러 사건으로, 극우 단체 일원들이 연방 정부에 대한 불신에서 저질렀다.
- ■ 　아일랜드 공화국군. 영국에서 북아일랜드의 완전한 독립을 요구하는 반半군사 조직.
- ▼ 　스리랑카 정부의 차별 정책에 맞서고자 1976년 조직된 반군 단체.
- •• 　자유조국바스크(바스크 조국과 자유). 바스크 분리주의 단체.
- ♦♦ 　팔레스타인의 이슬람 저항 운동 단체. 1987년 창설되었으며, 2006년 팔레스타인 자치 정부의 집권당이 되었다. 이슬람 전통과 혁명 사상을 강조한다.

선택했다. 이 테러 행위들은 제각기 상대국에 상당한 혼란을 일으켰고, 실제로 그들의 대의에 대해 관심을 불러 모으기도 했다. 그렇지만 그들 중 누구도 원하는 양보를 얻어내는 데 성공하지는 못했다. 이 테러 단체들은 제각기 어떤 단순 무장 봉기보다도 오래 존속해서, 상대국에서는 그들에게 강압적 조치를 취했으며 테러 단체들도 자신들의 조직에 대한 지원을 늘려갔다.

이제 새로운 형태의 테러리즘인 국제 테러리즘이 발생하고 있다. 국제 테러 단체는 한 국가의 내부 협의에 변화를 가져오기 위해서가 아니라, 특정 국가가 세계 다른 국가들에 취하는 정책에 변화를 일으키기 위해 그 국가에 반대하는 조직적 활동을 펼친다. 국제 테러리즘의 주요한 유형으로는 이슬람 세력이 있다. 그들의 주 표적은 이스라엘과 미국으로서, 미국과 이슬람 세계의 관계에서 근본주의자적 관점에서 이슬람교 존중과 팔레스타인에서의 정의 구현을 목적으로 삼고 있다. 미국과 국제 세계의 사소한 걸림돌로 여겨졌던 이슬람 국제 테러리즘은 2001년 9월 11일 세계무역센터 테러 사건으로 중요 요소로 바뀌었다. 결과적으로 이제 지구의 모든 사회에서 다양한 국제 테러리즘이 불가피한 현실로서 가능해졌다.

미국 세계무역센터 공격은 자살 폭탄 테러였다. 테러범들은 자신들이 죽으리라는 것, 그리고 자신들의 공격이 성공하면 무수한 사람들의 무고한 죽음을 초래하리라는 것도 알고 있었다. 자살 폭탄 테러는 이제 테러리즘의 기본 목록 중 하나가 되었는데, 이는 놀랄 일이 아니다. 테러리즘은 강한 신념을 가졌지만 힘이 거의 없는 사람들의 무기이기 때문이다. 대의를 위해서는 기꺼이 목숨을 바칠 정도로 신념이 강한 경우에는 상대가 대항하기 어려운 힘을 가질 수 있다. 상대 국가의 신념은 그보다 덜 강렬할 수 있기 때문이다. 그리고 상대 국가에서는 폭력이 일반 시민들의 손에서 벗어나 있다고 본다. 현대 국가에서 폭력은 대의를 지지한다기보다는 그저 직무로서 보수를 받는 행위자가 행사한다는 생각에 기반하고 있기 때문이다. 그러나 자살 폭탄 테러가 진짜 공포스러운 이유는 폭파범이 피해자에게 아주 가까이 다가가서 폭탄을 터뜨리는 치명적인 순간까지 피해자들 중 한 사람처럼 행동할 수 있다는 데 있다. 일단 자살 폭탄 테러 편집증이 심해지면, 언제 누구에 의해서 폭탄 테러를 당할지 아무도 알 수 없게 된다.

우리 중 대부분은 식당으로 걸어 들어가 다른 손님들과 함께 폭파되는 것은 말할 나위도 없거니와, 사람이 붐비는 식당에서 폭탄을 터뜨린다는 생각은 고려하지 않는다. 이런 방법은 절대 생각조차 하지 않을 것이다. 우리는 우리와 연쇄살인범이 다른 것처럼, 자살 폭탄 테러범과 그 밖의 테러리스트들을 다른 존재로 간주할지도 모른다. 그러나 그렇지 않다. 테러리스트 중에는 아마 사디스트와 잠재적 연쇄살인범도 있을 것이다. 그러나 테러리즘에 그런 심리가 필요하지는 않다. 나는 실제로 우리 대부분은 적어도 테러 행위를 지원하는 상황은 상상할 수 있으리라고 확신한다. 그런 상황이 우리의 평범한 삶과는 너무 다르다는 사실 때문에 우리의 상상력이 방해를 받을 뿐이다.

당신이 사악하고 매우 강력한 특정 세력이 장악하고 있는 미국에서 살고 있다고 상상해보라. 그 세력이 마피아나 국제 마약 밀수범 조직이라고 생각해보라. 그들은 꼭두각시 대통령과 의회는 허용하지만, 누구도 그들의 허락 없이 선거 후보로 지명될 수 없다. 초기에는 몇몇 선출 공직자들이 그 세력에 대항해 발언하고 투표했지만, 그 용감한 사람들은 그저 사라지고 말았다. 대부분 시민들은 나라가 부패로 엉망이 되고, 마약으로 황폐해지며, 또 하나의 실패한 민주주의 실험으로 침체된 것을 보면서도 그냥 상황을 받아들이고 자신들의 삶을 살아간다. 그러나 몇몇 사람들은 작은 비밀단체로 모여 대책을 상의한다. 우리는 무엇을 할 수 있는가? 우리는 선거에서 이길 수 없다. 공적 토론을 시작할 수 없고, 반대 시위를 할 수도 없다. 그 세력의 권한을 제거하려면 거대한 반란을 일으켜야 할 것이다. 그러나 대부분 사람들은 포기해버렸다. 우리는 현재 상황을 훨씬 더 받아들이기 어렵게 만들어서 상대 비용을 바꿔야 한다. 그것이 우리가 할 수 있는 일이다. 우리는 암살을 감행함으로써 그 세력에게서 무차별적인 대규모 보복을 불러일으킬 수 있다. 폭탄과 비전문적인 생화학무기를 사용함으로써 자기만족적인 사회생활을 악몽으로 만들 수도 있으며, 항공 여행을 막을 수도 있다. 그리고 우리 중 몇몇이 그런 테러 행위를 하면서 기꺼이 목숨을 바칠 각오가 되어 있다면, 이 모든 일을 훨씬 더 쉽게 완수할 수 있을 것이다.

당신은 그러한 상황을 상상할 때 자신은 그런 행동에 가담하지 않는 사람이거나, 불평하더라도 비폭력을 지지하는 사람이

리라고 확신할지도 모른다. 그러나 당신은 더 멀리 나아간 사람들을 이해할 수는 있다. 따라서 당신이 이해할 수 있는 정도까지 자신이 가장 위험하고 끔찍한 부류의 테러리스트가 되는 것을 상상할 수 있다.

앞에서 예로 든 상황은 실제 테러리즘 상황에 부합하지 않는다는 반론을 제기할 수도 있다. 북아일랜드나 바스크 지역에는 선거와 언론의 자유가 있고, 미국은 이슬람 국가들의 여론이나 정치를 통제하지 않는다. 이는 정확한 관찰이지만 요점을 놓치고 있다. 첫째, 테러리즘을 지지하는 많은 사람들은 실제로는 어쩌하든 자신들의 상황이 이야기 속 상황과 유사하다고 생각한다. 둘째, 민주주의 국가들은 대개 소수 집단들의 바람을 제대로 다룰 수 없으므로 소수 집단들의 정치적 행동 범위는 상당히 제한될 수 있다. 셋째, 테러리스트들이 많이 거주하는 국가의 정부는 쉽게 신뢰를 받지만, 오히려 시민들의 민주적 권리와 표현의 권리를 심각하게 제한한다. 그런데 테러리스트들이 테러 행위의 표적으로 삼는 대상 국가들이 오히려 이러한 상황을 조장한다는 증거가 있다. 넷째는 가장 기본적인 반론인데, 가령 당신이 예루살렘에 있는 식당을 폭파하러 가는 팔레스타인 자살 폭탄 테러범이 되는 것을 상상할 수 있다는 주장은 아니라는 점이다. 그런 경우를 상상하려면 해당 국가의 전체 문화와 역사를 이해해야 한다. 테러리스트가 되는 것을 상상할 수 있다는 주장은 테러 행위를 하는 경우를 상상할 수 있다는 것뿐이다.

이처럼 테러리스트가 되는 것을 상상할 수 있다고 해서 테러 행위가 옳은 일이 되는 것은 아니다. 물론 아니다. 우리가 어떤 행동을 막는 금지를 피할 방법을 상상할 수 있다고 해서 그 행동이 덜 악해지는 것은 아니다. 테러 행위를 가할 것인가, 아니면 중대한 가치를 포기할 것인가 하는 끔찍한 딜레마에 대면하는 상황을 상상할 수도 있다는 의미일 뿐이다. 그 딜레마는 역설적이게도 테러리즘의 상대들이 대면하는 딜레마와 유사하다. 당신은 경찰관인데, 원자력발전소 공격 같은 무시무시한 행동을 계획하고 있는 테러리스트를 찾아내려 한다고 가정해보자. 당신은 그 테러리스트의 가족을 체포했지만, 그들은 그의 행방을 알면서도 말하지 않으려 한다. 당신은 그들로 하여금 말을 하게 해야 한다. 어디까지 갈 수 있겠는가? 전기 충격, 물고문, 발톱 뽑기? 그의 아내한테는? 그의 어머니는? 그의 아이들은? 그것은 분명 끔찍한 행동이다. 그러나 그런 행동을 하지 않는 데 따르는 대가는 크다.

테러리즘은 악한 행동을 할 것인가, 아니면 잘못이지만 악하지는 않은 행동을 할 것인가 하는 특별한 종류의 도덕적 딜레마를 종종 제시한다. 사악한 세력이 장악한 미국에 대한 이야기에서 암살과 폭탄 테러에 가담하는 선택은 악한 반면, 조용히 살면서 나라가 부패와 불의로 악화되도록 내버려두는 행동은 잘못이지만 악하지 않다. 그러나 이는 대안이 잘못되었으므로 올바른 사람이라면 악한 선택을 해서는 안 된다는 의미가 아니다. 제대로 된 사람이라면 어떤 선택이든 내리기 전에 오랫동안 철저히 생각하고, 나중에 그 선택을 유감스럽게 여길 것이다. 그런 사람

은 대개 자신이 선택한 행동을 하고 나서 자신의 존엄을 유지할
수 없을 것이다. 때로는 ― 드문 경우, 평범한 상황이 아닐 경우,
그리고 매우 깊이 숙고한 경우에 ― 참을 수 없는 것을 견디기보
다는 잔혹한 행동을 택하는 쪽이 정당화될 수 있다.

　　다른 방법이 없다면 견디기 힘든 상황보다는 잔혹한 행동을
선택하는 것이 옳을지도 모른다. 가상의 경우라면 다른 방법들
을 아예 배제할 수도 있겠지만, 실제 삶에서 선택권이 너무 제한
되어 있다고 생각하는 것은 대개 도덕적 상상력이 부족하기 때
문이다. 흔히 비폭력적인 도덕적 지도력은 선택에서 간과된다.
마하트마 간디와 넬슨 만델라는 그들에게 권한을 부여할 의도가
전혀 없던 압제적 권력에 맞섰다. 그들은 연좌 농성, 시위, 방해,
철야 농성, 불복종 등 오랫동안 끈기 있는 활동을 계속했으며, 이
모든 행동의 중심은 불법적인 합법이었다. 즉 그들은 권력자의
법을 위반하지만 격분한 권력조차 인정할 수밖에 없는 양심적
인 도덕 원칙을 따랐다. 이 같은 일반적 전략을 간디의 선택이라
고 해보자. 그 선택은 테러리즘처럼 권력자의 인내심을 시험하고
폭력적 보복을 야기한다. 그러나 테러리즘과 달리 권력자가 미
끼에 걸려들어 비폭력적인 도덕적 행위를 하는 사람들에게 폭력
을 행사한다면 무고한 피해자를 적대하는 것이 된다. 그때 권력
자의 잘못은 악으로 전환된다. 국가의 권위가 시민들에게 잔혹
행위를 가함으로써만 유지될 수 있다면, 권위가 아닌 단순한 권
력이 되어버릴 뿐이다. 그러므로 간디의 선택은 지배 국가에게
딜레마를 제시한다. 지배 국가는 잔혹하게 대응하든지, 법에 대

한 불복종을 허용하게 된다. 아무것도 선택하지 않은 채 버틸 수는 없다.

이러한 설명에 따르면 비폭력적 선택이 수월한 것 같다. 하지만 비폭력적 선택은 매우 어렵고 까다로우며, 심지어 가능하지 않은 경우도 있다. 대항해야 할 상대 국가는 진짜 민주주의 국가거나 도덕적 지위에서 권위를 갖고 있어야 한다. 무력한 저항 세력에게는 화합이 잘되는 사회조직이 있어야 하고, 도덕적 권위를 지닌 인물들이 그 조직을 이끌어야 한다. 나는 지도력 문제가 특히 중요하다고 생각한다. 초조해하고 분노에 찬 사람들을 자제시키고 조화롭고 규율 있는 비폭력적 방식으로 행동하게 하려면, 충분한 설득력이 있어야 한다. 비폭력적 선택이 가능했던 경우는 마하트마 간디, 마틴 루터 킹, 넬슨 만델라처럼 카리스마와 도덕적 권위가 보기 드물게 조합된 지도자들 덕분이었다. 그런 경우는 마음대로 해낼 수 있는 것이 아니다.

어떠한 경우에도 간디의 선택은 대개 실패할 것이다. 실패의 이유는 큰 장점이기도 하다. 그의 방법은 그 자체로 정당성 있는 대의를 위해 사용되지 않는 한 성공하기 어려울 것이다. 비폭력적 선택의 대의를 결코 이해할 수 없는 상대가 자신들의 정책이 잘못되었다고 인정하거나, 적어도 자신들의 행동 능력이 약화될 만한 도덕적 의심을 느끼기 시작해야 하기 때문이다. 현대 철학자들은 노예제나 가부장제 같은 제도가 변화를 맞은 중요한 이유는 단순히 제도가 잘못되었다는 데 있다고 주장한다. 제도를 옹호할 만한 논거를 발견할 수 없을 때는 논거에 신경 쓰지 않는 사람들조차 제도를 유지하려는 행동 의향이 약화된다. 일부 상황에서는 그렇게 될 수도 있으며, 그러면 간디의 선택을 좀 더 잘 이해할 수 있을 것이다. 간디와 같은 선택을 한다면 그 조건이 만족되는지, 그리고 대의의 정당함으로 버틸 수 있는지 모험을 해야 한다. 당신은 그 불가피한 타협 행위가 이미 명분에 신념을 가진 사람들 이상으로 더 폭넓은 대상을 설득할 만큼 정당하거나, 적어도 정당함에 가까운지 모험을 해야 한다. 그것은 용기 없는 사람들이나 독단적인 사람들을 위한 방법이 아니다.

비유를 해보자. 간디의 방법을 택한다면 당신의 운명을 신이나 이성의 손에 맡겨야 한다. 당신의 대의가 실제로 정당하다면, 그 힘으로 당신은 버틸 수 있다. 그러나 신이나 이성은 당신보다 더 멀리 내다보며, 당신은 신이나 이성의 결정을 예측할 수 없다.

현실적 측면에서, 단지 강한 의지로 이기게 될 희박한 가능성에 비해 이 모든 위험은 아무것도 아니다. 게다가 비폭력 행동은 힘없는 사람들이 이미 직면하고 있는 것보다 훨씬 더 잔혹한 행동이나 큰 불의를 불러올 수도 있다.

테러 행위는 대개 매우 제한된 영향력과 강한 신념을 가지며 대안이 거의 없다고 생각하는 사람들이 감행한다. 그들의 행동은 신념이 올바르고, 대의가 확실히 옳으며, 다른 대안이 정말로 없을 경우에만 정당화될 수 있다. 하지만 안타깝게도 테러 행위가 정당화되는 경우가 언제인지는 알기 어렵다. 예를 들어 팔레스타인 사람들이 이스라엘에서 독립된 국가를 세우려고 할 때, 테러리즘 말고는 선택할 방법이 없다고 확신에 차서 말하는 사람은 허세를 부리거나 특별한 정보를 갖고 있는 것이다. 팔레스타인 사람들이 테러리스트가 되는 것 말고도 유망한 대안들이 많다고 자신 있게 말하는 사람도 마찬가지다. 가슴 아프지만 사실은 이렇다. 우리는 대부분 테러 행위가 끔찍하게 잘못되었다고 확실히 말할 수 있지만, '대부분'이 '모두'는 아니라는 점은 확신을 덜 갖고 말할 수 있다. 우리는 테러리즘이 정당화되는 경우는 정당화되지 못하는 경우와 상당히 구별하기 어렵다는 점도 알 수 있다. 테러리즘이 정당화되는 경우는 뒤늦게 깨닫는 것 말고는 거의 가능하지 않고 매우 드물며, 정당화되지 못하는 경우들과 비슷해 보인다.

소설과 영화 속의 연쇄살인범

지금까지 나는 사실을 말하기 위해 최선을 다해왔다. 실제 사람들이 실제 악한 행동을 하는 맥락을 기술했다. 그러나 책과 영화에서도 허구적 인물들이 허구적 동기에서 악한 행동을 한다. 우리는 이야기를 통해 삶을 본다. 우리의 사회적 삶과 정치는 책이나 영화 또는 전설을 통해 형성되며, 우리는 많은 이야기로 이루어진 긴 맥락에서 역사를 배운다. 이야기는 우리를 인도할 수도 있고, 앞을 못 보게 할 수도 있다.

줄거리에는 악인이 필요하며, 악인의 심리는 줄거리에 적합해야 한다. 우리가 특정한 서사에 특별히 만족하며 반응하는 이유는 아무도 모른다. 허구의 심리는 심리화의 심리와 긴밀히 연관되어야 한다. 즉 허구로 이야기될 때와 실제 사람들의 행동에 대한 설명으로 이야기될 때 거의 같은 종류의 그럴듯한 줄거리를 발견할 수 있어야 한다. 그리고 우리가 특별히 만족스럽게 여기는 줄거리와 실제 행동에 대해 잘 상상하게 해준다고 느끼는 설명 사이에는 긴밀한 연결 관계가 있는 것이 분명하다. 그러나 그렇다고 좋은 이야기가 사람들이 왜 그런 행동을 하는지를 실제로 이해하게 해준다는 의미는 아니다. 전혀 그렇지 않다. 흥미로운 줄거리는 사람들이 좀처럼 취하지 않는 행동 방식으로 행동하거나, 거의 적용하지 않는 이유에서 행동하는 경우를 생각해볼 수 있게 한다. 우리 문화에서 통용되는 이미지에 따르면 살인자나 강간범은 어두운 골목이나 수풀에 숨어 있는 사람이라고 생각하게 되지만, 사실 그들은 우리의 배우자, 숙부, 시누이나 동서일 가능성이 많다. 소아성애자에 대한 부모들의 악몽에 등장하는 주인공은, 친절한 이웃집 남자보다는 〈M〉(프리츠 랑의 1931년 영화. 조지프 로지의 1951년 리메이크 작품도 오싹하다)의 페터 로레가 맡은 배역의 전형이다. 허구적 이미지는 우리 주변 사람들에 대한 신뢰를 약화하지 않기 때문에 그 자체로는 무서우면서도 위안이 된다. 또한 친숙한 사람이 무정한 행동을 하기도 한다는 점을 파악할 수 있도록 직관적 능력을 열심히 훈련시켜야 할 필요를 회피하게 한다.

　나치 독일과 홀로코스트 서술은 좋은 사례로서 잔혹한 수용소 경비원과 가학적인 나치 친위대 장교, 정신이 이상한 지도자

나치 독일과 홀로코스트 관련 서사에서 흔히 등장하는 가학적인 나치 친위대 장교는 전형적 악인의 이미지다.

가 중요한 역할을 한다. (스필버그의 1993년 영화 〈쉰들러 리스트〉에서 랄프 파인즈가 연기한 수용소장 괴트가 좋은 예다.) 물론 이 모든 일은 실제로 존재했고 중요했다. 그러나 그 서술은 핵심적인 중간 구성원, 즉 세부 사항에 편협한 주의를 기울이고 상상력이 부족하며 권위에 복종하는 평범한 행정 구성 요소를 무시한다. 이처럼 좀 더 평범한 인물들을 많이 출연시켜서 감동적인 드라마를 만들기는 쉽지 않을 것이다. 또한 그런 영화가 성공적일수록 많은 관객에게 더 큰 충격을 줄 텐데, 흥분되고 충격적인 것이 아니라 혼란스럽고 충격적일 것이다. 끔찍한 나치가 우리와 너무나 유사하게 보일 테니 말이다.

나는 그런 예들에 대해 논하지는 않겠다. 앞으로 다룰 악몽은 연쇄살인자 경우에 국한되며, 특히 한니발 렉터 이야기에 중점을 둘 것이다.

살인자를 수사하는 탐정 이야기는 코난 도일에서부터 레이먼드 챈들러, 루스 렌들에 이르기까지 오래전부터 존재해왔으며 이야기의 공식은 꽤 일반적이다. 누군가가 살해된다. 독자는 살인자가 누구인지 생각해내야 한다. 대부분 증거는 용의자가 가졌을 동기에 관한 것이므로, 두 종류의 연계된 수수께끼가 설정된다. 왜 그런 범죄를 저질렀을까, 그리고 어떻게 해낼 수 있었을까? 셜록 홈스가 주로 '어떻게'에 대해 생각하게 한다면, 루스 렌들은 '왜'에 대해 생각하게 한다. 그러나 모든 좋은 탐정 이야기에서 '어떻게'와 '왜'는 서로 긴밀히 얽혀 있다. 그리고 장르가 발전되면서 하나의 이야기에 나오는 시체의 수도 증가하는 경향이 있다. 결국 드러나는 동기는 상대적으로 이해하기 쉽다. 누군가는 무엇을 바라고, 누군가는 무엇이 밝혀지지 않기를 바라며, 누군가는 복수를 바란다. 즉 섹스와 돈, 비밀과 수치가 동기다.

1970년대에는 새로운 종류인 연쇄살인이 대중에게 알려졌다. 연쇄살인범은 늘 존재했지만, 특히 빅토리아 시대에 일어난 런던의 잭 더 리퍼Jack the Ripper* 사건은 유명했다. 그러나 연쇄살인범의 이미지를 뚜렷이 구별되는 악몽으로서 대중이 의식하게 된 것은 비교적 최근의 일이다. 탐정소설에서 보통 기술되는 살인에 비해 연쇄살인범의 동기는 파악하기 어렵다. 동기가 불가

---

* 1888년 영국 런던의 화이트채플에서 2개월에 걸쳐 다섯 명 이상의 매춘부를 잔인하게 살해한 연쇄살인범으로, 그 정체가 끝내 밝혀지지 않았다.

대중들에게 연쇄살인이 각인되기 시작한, 빅토리아 시대 런던의 잭 더 리퍼 사건.

사의하기 때문에 주제는 더 무시무시하다. 그리고 연쇄살인범은 이해하기 어렵기 때문에 뱀파이어나 늑대인간 같은 끔찍한 괴물로 바꿔버린다. 연쇄살인범의 허구적 이미지는 탐정이 밝혀내야 할 동기와 수단을 가진 전통적인 살인자의 이미지와, 이러한 반⁂인간 범주가 결합되어 만들어진다. 그 결과는 지적인 수수께끼와 끔찍한 원시적 매력이 결합된 구성이다.

　이 분야에서 허구를 발전시키는 데는 어려움이 있다. 인물들이 어느 정도 이해되어야 하는데, 범인에게 동기가 있다기보다는 자연의 섭리 문제로 밝혀질 위험이 있기 때문이다. 문학작품에서 명확한 동기가 없는 악인은 드물지 않다. 그러나 탐정소

앤서니 홉킨스가 연기한 한니발 렉터는 그 자신이 연쇄살인범으로서 다른
연쇄살인범의 심리와 범행 동기를 직관적으로 파악한다.

설의 핵심은 범인의 의도를 정확히 이해하는 것이다. 작가 토머
스 해리스는 한니발 렉터 시리즈에서 이 문제를 훌륭히 해결해
낸다. 소설에는 세 명의 주인공이 있다. 정신 질환이 있는 연쇄살
인범, 탐정, 그리고 한니발 렉터다. 렉터 자신은 연쇄살인범이면
서 정신과 의사이기도 하다. 탐정들이 감옥에 갇혀 있는 렉터를
찾아가, 독특하게 결합된 연쇄살인에 대한 그의 일인칭적 지식
과 정신병리학에 관한 학문적 지식을 구하려 한다. 이 방법에는
두 가지 이점이 있다. 렉터는 살인자의 동기에 대해 말할 수 있는
데, 그의 말이 직관적으로 의미가 통하지 않더라도 정신과 의사
로서의 권위가 그 말을 뒷받침해줄 수 있다. 그리고 그는 줄거리

에서 중심이 되는 살인자가 아니기 때문에 어느 정도 이해 가능한 인물로 제시될 수 있다. 렉터는 믿을 수 없을 정도로 박식하며, 다른 사람의 성격과 동기를 아주 예리하게 파악한다. 소설에서는 해당 연쇄살인범의 심리와 관련해 불행한 어린 시절이나 성적 혼란 등 꽤 진부한 심리적 이야기도 제시된다. 이 이야기가 렉터라는 인물의 권위와 매력을 통해 표현되지 않았다면 실망스럽고 거슬렸을 것이다. 그 살인자의 심리는 다른 사람들의 이론을 통해 전달되므로 우리가 직접 다룰 필요는 없을 것이다. (『양들의 침묵』The Silence of the Lambs 에는 이 점과 관련해 훌륭한 전환이 나온다. 살인자는 자신이 성전환자라고 잘못 믿고 있다. 또는 한니발 렉터가 우리에게 그렇게 확언한다. 그래서 우리는 살인자의 심리를 두 개의 렌즈를 통해 보게 된다. 즉 우리는 살인자 자신의 믿을 수 없는 설명에 대한 렉터의 믿을 만한 설명을 갖게 된다.) 이 심리적 거울의 방에서 동기가 이치에 맞는지 여부는 중요하지 않다.

여기에서 직관과 합리적 사고 사이에 줄다리기가 일어난다. 탐정소설에서는 범죄를 저지르고 은폐하는 방법에 대해 항상 냉철한 추정을 하는 반면, 범죄자의 사고와 감정에 대해서는 좀 더 따뜻하고 불분명한 세심함을 드러낸다. (훌륭한 탐정은 명백히 비합리적인 방법으로 범인의 합리적 행동 과정을 알 수 있다.) 심리철학자들은 사고와 직관 사이의 관계가 얼마나 혼란스러울 수 있는지 매우 잘 알고 있다. 1980년대부터 그들은 물리학자들이 천체의 운동을 설명하듯이 타인의 행동을 이론으로 해석해서 이해할 수 있는지, 또는 타인의 사고와 감정을 우리 자신의 정신 속에서 재현해서 이해할 수 있는지에 대해 논했다. 발달심리학자들도 그 토론에 참여했으므로 이제 우리는 어린아이가 다른 사람의 생각을 이해할 수 있는 방법에 대해 훨씬 더 많이 알게 되었다. 토론 참여자들 대다수는 명백한 개념적 사고와 완전한 공감이 모두 일어나고 필수적이며, 다른 사람에 대한 우리 사고의 상당 부분은 이 둘 사이의 혼란스럽고 거의 이해되지 않는 영역 어딘가에서 일어난다고 확신한다.

한니발 렉터 시리즈의 첫 번째 소설인 『레드 드래곤』Red Dragon은 이 책이 출간되었을 때만 해도 초기 단계에 지나지 않던 철학과 심리학의 이론/직관 토론에 필적할 만하다. 윌 그레이엄이라는 전직 FBI 요원 출신 형사는 뛰어난 직관 능력을 가졌다. 그는 범죄 현장과 살인자에 관련된 부수적 사실에서 정보를 흡수할 수 있으며, 갑자기 자신도 이해할 수 없는 방식으로 살인자의 사고방식을 경험하게 된다. 그리고 살인자가 어떤 종류의 사람인지, 다음에는 어떤 행동을 할지 직관적 확신을 갖고 알게 된다. 직관의 도약으로 한니발 렉터를 잡은 것도 바로 그였다. 그레이엄과 마찬가지로 영리한 렉터는 몇 년 후에도 그레이엄이 어떻게 자신을 잡을 수 있었는지 아주 의아해한다. 그는 그레이엄처럼 자신과 다른 사람이 어떤 식으로 사고하는지 이해하지 못한다.

한니발 렉터는 인간의 동기와 정서에 대해서는 거의 초인적 지능을 바탕으로 한 초자연적 이해력을 가졌지만, 인간의 감정에 대해서는 어떤 공감도 하지 못한다. 다른 사람들에 대한 그의 말과 편지에 따르면, 그는 묘한 방식으로 정서의 정곡을 찌를 수 있으면서도 다른 사람의 처지에서 생각해볼 능력은 거의 없다는 점이 드러난다. 그는 다른 사람의 처지에 서보는 일에 대해서는 전혀 감각이 없는 근본적인 소시오패스다. 그렇지만 그는 거의 완벽하게 속일 수 있는 잘 다듬어진 인간 본성 이론을 가졌으므로 보통사람들이 어설픈 직관과 제한된 이론으로는 해낼 수 없는 것을 종종 해내곤 한다. 다만 공교롭게도 인육을 즐기는 취향 탓에 보통사람들의 사회에서 성공적으로 살아가려는 계획이 간단하지 않을 뿐이다.

한니발 렉터는 그레이엄이 소시오패스처럼 생각할 수 있는 매우 영리한 사람이라고 보기 때문에 자신과 그레이엄이 비슷하다고 생각한다. 그는 그레이엄이 소시오패스처럼 생각하려면 어느 정도는 소시오패스여야 한다고 생각한다. 그는 누군가의 사고방식에 대해 생각하는 것과 누군가의 사고방식을 상상으로 모방함으로써 이해하는 것 사이의 차이를 알지 못하기 때문이다. 그는 자신이 다른 사람의 상황에 투영해보기를 할 수 없기 때문에 그 방법은 무시한다. 그리고 그레이엄이 '나라면 어떻게 했을까?'라고 생각하면서 살인자의 행동을 예측하리라고 생각한다.

그러나 소설의 전체 전제는 그레이엄에 대한 렉터의 추측만큼이나 믿기 어렵다. 사실상 추측이 뒤집힌 것 같다. 소설은 특정 인물이 연쇄살인범의 사고방식을 들여다보고, 그 살인범의 독특한 특징을 직관적으로 이해할 수 있다는 추정에 기초하고 있다. 그래서 우리가 직관이 필요하다고 생각하는 것을 렉터는 이론이 해줄 수 있다고 생각하듯, 우리가 이론이 필요하다고 여기는 것을 한니발 렉터 소설에서는 직관이 해줄 수 있다고 가정한다. 그리고 그 직관은 낡은 직관적 이론이 아니라 고도의 기술적인 심리병리학이다. 이렇게 하기 위해서 소설에서는 독특한 주제와 특성이 있는 살인자를 가정해야 한다. 살인자들은 매우 특정한 피해자를 표적으로 삼아 자신만의 특별한 스타일이 있는 상징을 만드는 방식으로 살인을 저지른다. 극소수의 실제 살인자들만이 그같이 살인을 저지른다. 연쇄살인범들은 성별, 성 정체성, 나이에 따라 꽤 폭넓은 부류의 피해자들을 목표로 삼은 다음, 자신들에게 손쉬운 방식으로 살해한다. 범인이 범행 현장에 남기는 독특한 흔적인 서명 또는 인증은 보통 살인자가 자신에게 맞는다고 여기는 종류의 피해자를 찾아내는 방법에서, 때로는 성적 폭력의 특정한 취향에서 나온다. 실제 살인자가 다소 특이한 시체 절단이나 시체 처리 방법에 독특한 서명을 갖고 있다면, 이같이 비교적 드문 사건들은 소설 속 선정적 인물들과 유사하기 때문에 언론이 달려들어 집중적으로 다룬다.

연쇄살인범들이 매우 개인적인 심리를 가진 살인자인 동시에 충분히 직관적인 사람이라면 이해할 수 있고 예상할 수 있는 일종의 예술가적 스타일을 가졌다는 생각에서 나오는 매력은, 그들을 악마같이 이질적이면서도 다채로운 인물로 여기는 데서 비롯된다. 연쇄살인범들이 등장하는 허구 장르에서는 두 가정이 모두 필요하지만, 사실 연쇄살인범들은 그보다 훨씬 더 이해하기 어렵다. 우선 소시오패스들은 인간 본성에 대한 지식을 과대시하지 않는다. 그들은 유연한 사회적 태도를 개발하고, 다수의 대화적이고 사회적인 기술을 배우는 경향이 있다. 이 태도와 기술은 몇 가지 행동 정보를 바탕으로 상상적 인격을 투사하는 사람들과 잘 맞는다. 겉으로는 호감을 주는 소시오패스는 몇 가지 단순한 대화적 행동으로 당신이 진짜 호감 가는 사람과 상호작용하고 있는 것처럼 속여서 믿게 하는 엘리자Eliza● 컴퓨터 프로그램 같다. 모든 연쇄살인범이 완전한 소시오패스는 아니라 해도, 그중 일부는 다른 사람들을 공감적으로 이해하는 데 상당한 능력을 가졌으므로 동일한 환상이 적용된다. 그들은 몇몇 기회주의적 편법으로 활동할 수 있는 정상적 세계에서 어느 정도 활동하다가 다른 삶으로 도망친다. 그들은 흔히 혼자 지내기를 좋아하며, 다른 사람들과 관계를 맺을 때는 주로 상호 이해를 많이 요구하지 않는 상처 있는 사람들과 관계한다.

우리가 연쇄살인범에 대해 갖는 이미지는 허구를 통해 형성되었다는 점을 논하고 있다. 그 같은 이미지 형성은 다음과 같은 점에서 위험하다. 과거에는 연쇄살인범이 자신의 살해 행위를 의식하면 일단 당황하고 흔히 죄책감에 시달리면서도 다시 계속하게 되므로, 다른 사람들에게나 자신에게도 미스터리였다. 그런데 이제 그는 '나는 연쇄살인범이다. 나는 심오하고 흥미로운 심리를 갖고 있어. 독특한 스타일과 서명이 있지'라고 생각할 수도 있다. 따라서 이제 그에게는 서명과 스타일이 필요하다. 즉 표지와 신화를 끌어들일 수 있도록 특징 있는 방식으로 범죄를 저지를 필요가 생긴다. 살인자가 예측 가능한 유형으로 살해를 하고 위험한 허세를 부리도록 유도한다면, 살인자를 잡는 데

●   인공지능 프로그램으로, 환자와 정신과 의사의 대화를 흉내 낸다.

도움이 될 수도 있다. 그러나 그런 식의 행위에는 위험도 따른다. 안 그럴 수도 있던 살인이 기괴한 서명 행위로 훨씬 더 끔찍해질 수 있는 것이다. 가장 큰 위험은 신화가 살인자들을 만들어낸다는 데 있다. 천성적으로는 연쇄살인범이 아니지만 세상 속 자신의 입지에 대해 혼란이 섞인 폭력적 환상을 가진 사람은 허구적인 연쇄살인범에게서 매력을 포착하고 그처럼 되려 할 수도 있다. 그런 사람은 기회가 맞을 때 행동하는 기회주의적 살인자보다 쉽게 잡을 수 있겠지만, 잡기 전에 끔찍한 일이 일어날 것이다.

악의 이미지와 실제를 구별하기

한니발 렉터 소설은 한편으로 적절하다. 우리는 자신의 행동과 다른 사람들의 행동을 이미지를 통해 생각한다. 우리는 스스로를 연인이나 분투하는 사람 또는 피해자로 보는 반면, 다른 사람들은 우리의 연인이나 적 또는 박해자로 본다. 악에 대한 허구적 묘사는 악행자 자신의 이미지를 담아내려 할 때 더 흥미로운 사실을 보여줄 수도 있다. 허구적인 악의 큰 위험은 해로운 행동을 금지하는 장벽을 피할 수 있는 다양한 방법들을 몇 가지 단순한 유형으로 압축해버린다는 데 있다. 사실 장벽을 넘을 수 있는 방법이 많을뿐더러 장벽을 넘기 위해 사용하는 이미지도 많으며, 우리가 해를 끼치는 타인들에 대해 생각할 방법도 많다. 가장 심각하게 해로운 행동은 상상하기 어려운 방식으로 서로 보완되는 성격의 결합에서 나온다. 다시 테러리스트들에 대해 생각해보라. 테러리스트는 자신이 자유나 정의를 위한 투사 또는 압제에 저항하는 사람이라고 생각할 수도 있다. 그는 자신이 반대하는 적과 피해자가 자기 민족의 역경에 무관심하며 악하다고 생각할 것이다. 짝을 이루는 이미지는 앞 장에서 기술된 것과 같을 수도 있다. 테러리스트들은 지배자들을 소시오패스로, 지배자들은 테러리스트들을 폭력적 인물이나 연쇄살인범으로 여긴다. 이에 따라 네 조각으로 구성된 퍼즐이 생긴다. 악행자의 관점에서 보는 악행자 자신의 이미지와 피해자의 이미지, 악행자의 반대자나 피해자의 관점에서 보는 자신의 이미지와 악행자의 이미지다.

여기에는 사실 두 가지 유형이 있다. 하나는 거울-표지 붙이기다. 오랫동안 서로 잔혹 행위를 저질러온 두 종족 집단은 제각기 자신은 가족을 지키는 괴물 처치자로, 상대는 괴물로 여긴다. 또 다른 하나는 조각 그림-표지 붙이기다. 테러리스트들 때문에 안락함을 방해받는 강한 사회의 구성원들은 자신들이 가족을 지키는 정당한 권위의 봉사자라고 생각한다. 이러한 관점에 따라 그들은 테러리스트들을 복종과 편파성을 통해서만 움직이는 무자비한 조직원들로 여긴다. 양쪽의 명칭은 다르지만 서로에게 잘 어울린다. 제각기 자신에게 맞는 명칭을 사용하기 때문에 다른 쪽도 자신에게 맞는 명칭을 사용하게 마련이다. 한쪽이 들어간 곳에서 다른 쪽이 튀어나온다.

공격자와 피해자 부류에 대해서는 훨씬 더 단순한 악으로 조각 그림-표지 붙이기를 할 만한 부분이 있다. 연쇄살인범은 피해자를 행실이 나쁜 여자나 쓰레기 또는 속물로 생각하며, 그런 명칭들은 피해자들을 자신과 같은 인간으로 생각하지 않게 해준다. 피해자들은 연쇄살인범이 공포 자체를 위해 공포를 수용하는 무자비한 괴물이라고 생각한다. 그리고 연쇄살인범이 자신에 대해 어떻게 생각하든 피해자들이 그를 어떻게 명명하는지 알게 되면 괴물의 이미지가 부추겨진다. 가장 단순한 형태로는 피해자들의 공포가 연쇄살인범의 권력감을 자극하는 경우가 있다.

잔혹 행위는 실제다. 악한 행동은 실제고, 실제 악이다. 잔혹 행위라는 악몽은 단순히 우리 머릿속에 있는 것이 아니다. 그러나 우리 머릿속에 있는 악의 이미지는 복잡한 방식으로 실제와 서로 영향을 미친다. 악의 이미지는 때로 실제가 일어나게 하고, 때로 실제의 본성을 오도하게 하기도 한다. 우리가 가진 이미지들은 두 가지 주요한 방식으로 우리의 기대를 저버린다.

그 이미지들의 수는 너무 적어서 우리는 모든 악행을 동일한 것으로 본다. 이는 테러리스트가 자신을 애국자 또는 압제에 대항한 투사라고 여기거나, 자기만족적인 권력자가 스스로를 질서유지의 옹호자라고 생각하는 것처럼, 자기 행동의 본질을 보지 못하게 한다. 그들은 보통 다양한 성격이 결합해 잔혹한 행동을 야기한다는 점을 무시한다. 억압당하는 사람들은 권력자를 냉혹한 소시오패스라고 여기는데, 이로써 권력자가 복잡한 사회 문제에 대처하고 무감각한 관리자와 가학적 폭력배를 상대하는 데 쓸모가 있다는 사실은 잊어버린다. 권력자들은 테러리스트들이 모두 분별없이 폭력적이며, 명분이 없다면 연쇄살인범이 될

크메르루주 정권의 투슬렝 수용소장으로 학살과 고문 혐의로 전범재판소에
기소된 '두치'. 오른쪽 사진은 투슬렝 수용소에서 희생된 사람들의 모습.

사람들이라고 생각한다. 그들은 테러리즘에도 이론가와 조직자
및 활동가로 이루어진 조합이 필요하며, 테러리스트들도 상대편
의 인간성을 의식하지 않기 위한 제각기 다른 전략을 가졌다는
점을 잊고 있다.

이런 모든 경우, 그리고 그 이상의 훨씬 더 많은 경우들
이 우리 내부에서 어떤 상상력의 나태함을 불러일으킨다. 우리
는 전형적인 공포, 허구적인 악당, 극심한 사악함의 면에서 악
을 이해하는 편을 선호한다. 우리와 같은 사람들이 상상할 수 없
을 만큼 잔혹한 행동을 한다는 힘든 진실을 파악하기 위해 직관
적 이해 능력을 가지려고 안간힘을 쓰지는 않는다. 프랑수아 비
조François Bizot•의『문』The Gate(2003)은 집단 학살을 저지른 크메
르루주에게 억류되었던 경험을 이야기하며, 악의 이미지를 있는

• 프랑스의 민속학자로, 1971년 캄보디아에서 크메르루주에게 잡혀 미
국 CIA 스파이라는 누명을 쓰고 4개월간 수용소에서 포로 생활을 했
다. 자전적 저서『문』은 2014년 〈고백의 시간〉(레지스 바르니에 연출)
으로 영화화되었다.

그대로 파악하는 어려움을 감동적으로 환기해준다. 이 책은 수용소장이자 고문자인 두치♦의 인격에 초점을 맞추고 있다. 비조는 두치의 행동이 끔찍하다는 사실을 결코 잊지 않으면서도, 그를 이해하고 심지어는 좋아하게 된다. 두치는 자신의 행동을 비조에게 말하고, 비조는 이 얘기를 글로 옮긴다.

> 후에 나는 이 대화에 대해 자주 생각했다. 불길한 예감 아래 뜻밖의 어두운 사실이 드러났다. …… 내 순진함의 큰 부분이 무너졌다. 그때까지 나는 불안감을 없애주는 잔혹한 사형집행인의 이미지에 대해 확신하고 있었다. 우울함과 신랄함이 섞인 표정을 하고 앞을 응시하는 신념에 찬 남자가 그의 거대한 고독 속에서 갑자기 모습을 드러냈다.

두치는 잔혹한 사형집행인이다. 그를 한 개인으로 보는 것조차 충격적이다. 한 사람으로 본다는 것은 무서우면서도 안심하게 해주는 이미지를 놓아버린다는 의미다. 아주 어렵게 획득할 수 있는 심오한 이미지와 달리 단순한 이미지는 단순하고 잘못된 이해를 하게 함으로써 안심시키기 때문이다.

♦ 일명 두치로 불리며, 1975~1979년 프놈펜의 투슬렝 수용소장을 지낸 카잉 구엑 에아브(1942~). 1만 6천여 명을 고문 및 학살한 혐의로 캄보디아 전범재판소에 기소되었다.

주

연쇄살인범, 성과 폭력의 매우 위험한 결합

연쇄살인범들의 심리에 관련해서는 마크 셀처Mark Seltzer의『연쇄살인범』
Serial Killers(London: Routledge, 1998), 그리고 J. 노리스J. Norris의『연쇄
살인범: 커지는 위협』Serial Killers: the growing menace(New York: Double-
day, 1988)을 참조할 수 있다.

비정상과 죄의 인식 사이에서

메리 벨에 대한 내용은 지타 세레니Gitta Sereny의『들리지 않는 외침: 메리
벨 이야기』Cries Unheard: the story of Mary Bell(London: Macmillan, 1998, p.
372)에서 인용했다. 형사책임이 얼마나 복잡한 문제인지 알고 싶다면 R. A.
더프R. A. Duff의『의도, 작용, 그리고 형사책임』Intention, Agency and Crimi-
nal Liability(Oxford: Blackwell, 1990)을 참조하라.

소년병의 상황에 관련된 정보는 주로 휴먼 라이츠 워치에서 얻었다.
웹 사이트 www.hrw.org를 참조하라.

잔혹한 범죄를 저지른 사람들에게서 볼 수 있는 명석함과 혼란, 정상
적 감정과 비정상적 감정이 당혹스럽게 뒤섞인 상태에 관해서는 안드레아
예이츠가 자신의 다섯 아이를 익사시킨 후 경찰에게 진술한 기록을 보라.

국가의 잔혹 행위

한나 아렌트의『전체주의의 기원』The Origins of Totalitarianism(New
York: Harcourt Brace&World, 1951)*과『예루살렘의 아이히만: 악의 평범성
에 대한 보고서』Eichmann in Jerusalem: a report on the banality of evil 개정 증

보판(London: Penguin Books, 1963)◆은 꼭 읽어야 할 책이다. 아렌트의 논문「사유와 도덕적 고려 사항들: 강의」Thinking and moral considerations: a lecture(*Social Research*, 38, 1971)는 앞의 책들에 비해 읽기 어렵지만 특정한 종류의 상상력의 실패에 관해 좀 더 도발적인 진단을 내린다. 아렌트의 사유와 관련해 읽을 만한 연구서로는 퍼트리샤 알텐번드 존슨Patricia Altenbernd Johnson의『아렌트에 대하여』On Arendt(Belmont, CA: Wadsworth, 2001)가 있다. 페그 버밍엄Peg Birmingham의「망각의 구멍: 근본적 악의 평범성」Holes of oblivion: the banality of radical evil(*Hypatia*, 18, 2003, pp. 80~103)도 참고할 만하다. 지타 세레니의『알베르트 슈페어: 진실과의 투쟁』Albert Speer: his battle with truth(New York: Knopf, 1995),『독일의 트라우마』The German Trauma(London: Penguin, 2000)는 아렌트의 사유에 보충적인 그림을 제공해주며, 광범위한 인터뷰를 토대로 하고 있다. 어빈 스타우브Ervin Staub의『악의 근원』The Roots of Evil(New Haven, CT: Yale University Press, 1989)도 유용하다. 프리모 레비의『이것이 인간인가』If This is a Man(London: Orion Press, 1959)▲의 후기는 학구적이지 않고 세부 사항보다는 인상에 근거하고 있지만, 우리가 홀로코스트와 반유대주의의 근원에 대해 모르는 것과 알 수 없는 것에 관해 많은 것을 알려준다. 레비의 인용문은 조르지오 세그레Giorgio Segrè와의 대담집『기억의 목소리: 인터뷰 1961~1987』The Voice of Memory: interviews 1961–1987(New York: New Press, 2001) 재판본에서 발췌했다.

민주주의 국가에서 국가 주도로 이루어지는 대규모 폭력은 소수민족이 경제력을 지배하고 있을 경우에 발생 가능성이 더 높다. 그러나 이는 제1세계 민주주의 국가들에는 적용되지 않는다. 여기서 기인하는 위험성을 살펴보려면 에이미 추아Amy Chua의『불타는 세계: 어떻게 자유시장 민주주의가 인종 증오와 국제적 불안정성을 야기하는가』World on Fire: how exporting free market democracy breeds ethnic hatred and global instability(New

●　　한나 아렌트,『전체주의의 기원』1·2, 박미애·이진우 옮김, 한길사, 2006.

◆　　한나 아렌트,『예루살렘의 아이히만: 악의 평범성에 대한 보고서』, 김선욱 옮김, 한길사, 2006.

▲　　프리모 레비,『이것이 인간인가: 아우슈비츠 생존 작가 프리모 레비의 기록』, 이현경 옮김, 돌베개, 2007.

York: Doubleday, 2002)[●]를 참조하라.

테러리스트의 딜레마

간디의 비폭력 철학satyāgraha에 대해서는 위르겐스마이어M. Juergens-meyer의『간디와 함께 싸우기』Fighting with Gandhi(San Francisco: Harper&Row, 1984)를 참고하기 바란다. 간디는 톨스토이나 소로 같은 이전 사상가들과 기독교에 영향을 받긴 했지만, 비폭력 철학의 실현 방법을 알고 있었다.

'신이나 이성'에 대해 서술한 부분은 2장의 '진짜 악' 부분에서 논의했던 문제와 관련된다. '진짜 악'의 주석에서 언급된 코헨과 스터전의 논문은 이 부분에서도 유의미하다.

모든 선택지에 도덕적 반대가 제기되는 상황인 도덕적 딜레마를 다룬 문헌은 상당히 많다. 월터 시놋-암스트롱Walter Sinnott-Armstrong의『도덕적 딜레마』Moral Dilemmas(Oxford: Blackwell, 1988)가 참고가 될 것이다.

정상적인 여과 장치가 모든 행동을 배제할 때 도덕적 딜레마가 발생한다는 점에서 도덕적 딜레마와 악 사이에는 일반적 연관 관계가 성립한다. 도덕적 딜레마의 상황에서 어떤 행동이든 취하려면 여과 장치를 중단시킴으로써 악한 행동을 할 가능성을 열어놓아야 한다.

소설과 영화 속의 연쇄살인범

루스 렌들Ruth Rendell의『무어인의 주인』Master of the Moor은 전통적인 형사물 형식 안에서 연쇄살인범을 묘사한다. 하지만 살인자의 동기에 대해서는 거의 관심을 보이지 않는다.

여기서 나는 매우 섬세한 문학작품을 모방에 의한 설명과 이론에 의한 설명의 대비로 단순화시키고 있다. 이 주제에 관한 훌륭한 예시가 마틴 데이비스Martin Davies와 토니 스톤Tony Stone의 두 모음집,『통속 심리

●　에이미 추아,『불타는 세계: 세계화는 어떻게 전 세계의 민족 갈등을 심화시키고 있는가?』, 윤미연 옮김, 부광, 2004.

학: 정신 이론 토론』Folk Psychology: the theory of mind debate과 『정신적 시뮬레이션: 평가와 적용』Mental Simulation: evaluations and applications(Oxford: Blackwell, 1995) 서문에 나와 있다.

엘리자 프로그램은 컴퓨터 과학자 요제프 바이첸바움Joseph Weizenbaum이 1966년에 발명했으며, 병리학자의 대화 양식을 흉내 내도록 설계되었다. 그 이후로 엘리자를 모방하거나 변형한 많은 프로그램들이 등장했다.

연쇄살인범의 이미지가 살인자들의 행동에 영향을 끼칠 가능성은 로이 바우마이스터의 『악: 인간의 폭력과 잔인함의 내부』 8장에서 논의된다. 실제 폭력과 묘사된 폭력의 상호 영향은 알레한드로 아메나바르Alejandro Amenabar의 1996년 영화 〈떼시스〉Thesis에서 탐구된다.

악의 이미지와 실제를 구별하기

인용문은 프랑수아 비조의 『문』The Gate(translated by Euan Cameron, New York: Alfred A. Knopf, 2003)의 112쪽에서 옮겨왔다.

악과 대면하기

§4

잔혹 행위가 일어나면 무엇보다 사고와 감정이라는 두 가지 점에 집중해야 한다. 왜 그런 일이 발생했는지 이해하려는 노력은 여전히 가능하며, 그 공포를 인정하면서도 삶을 지탱해갈 수 있는 올바른 태도를 찾는 일은 우리의 의무다. 이해에는 많은 형태가 있으며, 이전 장에서 논했듯이 악을 이해하는 우리의 능력은 생각보다 크다. 동일한 악이라 해도 그 심각성은 매우 다르게 인식된다. 클라우디아 카드는 『잔혹성 패러다임』The Atrocity Paradigm(2002)이라는 흥미로운 저서에서 때때로 용서, 사면, 화해라는 감정 영역이 비난, 처벌, 분개만큼이나 필요하다고 주장한다. 카드는 우리가 이 점을 깨닫지 못하는 것은 피해자의 도덕적 힘을 간과하기 때문이라고 본다. 이 마지막 장에서는 카드의 이러한 두 가지 관점을 더 밀고 나가면서 한 가지 주장을 덧붙이려 한다. 말하자면 악을 시인하는 데서 더 나아가기 위해 필요한 감정은 그 악한 행동의 이유에 대한 설명을 납득할 때에만 가능해진다는 주장이다.

악한 행동을 한 사람들에 대한 자연스럽고 관습적인 감정은 분노, 증오, 응징 욕구다. 그럴 만한 충분한 이유가 있다. 이 감정들은 쉽게 불러내서 상황에 대처할 수 있게 해주기 때문이다. 이 감정들은 신속하고 자연스럽게 일어나며, 때로는 다른 대안이 없는 유일한 반응이기도 하다. 그래서 피해자가 상황에 맞는 어떤 반응이든 보이려면, 분노와 보복이 가장 알맞을 때가 많다. 카드도 이 점을 부정하지 않는다. 하지만 그녀의 관점은 좀 더 세밀하고 흥미롭다. 그녀는 우리가 지닐 수 있는 감정의 다양성이 한층

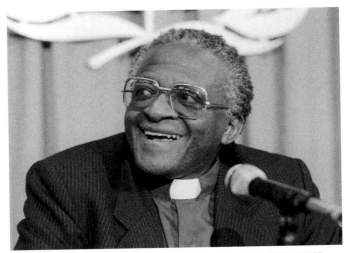
남아프리카공화국의 아파르트헤이트 아래 행해진 범죄를 공개하고 화해를
이끌어내기 위해 설립된 진실화해위원회의 데즈먼드 투투 대주교.

더 풍성해지는 방법을 제시한다. 그 방법에는 이미 일어난 사건
을 우리가 더 공정하게 다룰 수 있는 환경을 조성하거나 제도를
설계하는 일이 포함된다. 카드가 언급한 사례는 아니지만, 남아
프리카공화국의 진실화해위원회Truth and Reconciliation Commission•
가 그에 해당할 것이다. 카드는 과거의 잔혹 행위에 대응하는 개
선된 방법에 대해 논한다. 마찬가지로 나는 악한 행동을 설명하
는 개선된 방법에 대해 논할 것이다. 카드의 관점에 따르면 때로
용서할 수 없는 행동에 대해서는 분노가 타당한 대응인 것처럼,
나의 관점에서는 때로 어떤 행동은 설명할 수 없다는 것이 타당
한 결론이다.

• 1995년 남아프리카공화국의 아파르트헤이트 아래 행해진 범죄를 공
개하고 화해를 이끌어내기 위해 설립되었으며, 데즈먼드 투투 대주교
와 17명의 위원으로 조직되었다.

직관적 이해

설명은 어떤 일이 발생한 이유를 이해하도록 해준다. 이해에는 많은 종류가 있다. 가장 단순한 이해는 사건의 원인을 파악하는 것으로, 배선에 결함이 있었기 때문에 집에 화재가 났다고 하는 식이다. 더 복잡한 설명은 원인 부족에 호소할 수도 있는데, 주사위 던지기에서 세 번 연속해 6이 나온 것은 때로 무작위 과정에 의해 있음직하지 않은 일련의 사건이 일어날 수 있기 때문이다. 나의 관심을 끄는 것은 직관적으로 이해할 수 있게 해주는 설명이다. 직관적 이해는 실제적 문제를 처리하는 인간 본연의 기술과 연결된 이해다. 예를 들어 어떤 물리적 현상에 대한 직관적 이해는 우리 주위의 사물을 밀고 당기는 자연스러운 감각에 들어맞는다. 즉 조수는 달의 중력장이 대양을 끌어당기기 때문에 발생한다.

내가 주목하는 것은 행동에 대한 직관적 이해다. 이러한 이해는 한 사람의 행동을 인류가 수천 년간 서로 상호작용해온 방식에 연결해 설명한다. 예를 들어 우리는 누군가가 자신이 뽑힐 가능성이 높은 일자리에 지원하지 않은 이유에 대해서 뽑히지 않을까봐 두렵기 때문이라고 설명한다. 이 같은 설명은 아주 자연스럽게 형성된다. 이런 설명은 특정한 행동을 하고 있는 다른 사람의 처지를 상상하게 해주고, 우리가 그 사람에게 어떻게 영향을 줄 수 있는지, 또 그와 공유하는 활동들은 어떻게 진행될지에 대해 시사점을 제공한다. 물론 그 정도로 직관적인 설명은 많지 않다. 왜 매일 한 번은 다른 때보다 더 높은 두 차례의 조수가 발생하는지에 대한 물리학의 설명은 조수가 발생하는 이유에 대한 설명보다 훨씬 덜 직관적이다. 그리고 "이 프로필에 맞는 사람들은 종종 다음 유형의 행동을 한다"라는 범죄자의 행동에 관한 심리학적 설명은 그런 사람의 실체에 대해서나, 그런 사람과 마주쳤을 때 어떻게 말하거나 행동하는 것이 적합한지에 대해서 알려주는 경우가 드물다. 단순히 위안이 되는 환상보다 진실을 바란다면, 대개는 그 정도가 우리가 얻을 수 있는 최선의 설명이다. 그러나 이 장은 낙관적이고 모험적이다. 우리는 인간의 직관적인 사회적 기술에 기초하는 동시에 진실일 가능성이 있는 설명을 찾아낼 수 있을 것이다.

직관적 이해와 도덕적 반감은 서로를 밀어내는 경향이 있다. 어떤 행동이 잘못되었다고 생각할 때면 왜 그런 행동을 했는지는 좀처럼 짐작하지 못한다. 이는 우리 자신의 행동에도 적용된다. 부끄러운 일을 되돌아볼 때는 '도대체 내가 어떻게 그런 일을 할 수 있었나?'라고 생각하기 마련이다. 보통 그런 일을 한 동기는 알고 있다. 즉 탐욕이나 야망 또는 질투심에서 행동했다는 점을 안다. 그러나 그 동기가 왜 예의나 분별력을 잃게 했는지는 아무리 돌이켜봐도 미스터리일 뿐이다. 다른 사람이 저지른 범죄도 마찬가지다. 보통 범죄의 동기는 알더라도 그 동기가 왜 발생하는지는 잘 알지 못한다. 예를 들어 유괴범이 아이의 귀를 잘라 걱정하는 부모에게 보내는 것은 그가 실제로 아이를 데리고 있으며 얼마든지 아이를 해칠 수 있음을 보여주려는 행동임을 안다. 그러나 우리는 귀를 잘리게 된 아이가 비명을 지르기 시작할 때 유괴범이 어떻게 그 행동을 계속 하는지는 알지 못한다. 그가 어떤 생각으로 아이가 느끼는 공포는 중요하지 않다고 자신을 설득했는지 우리는 알지 못한다.

어떤 사람이 무엇을 했고 왜 그랬는지 일부나마 안다고 해도 그에게 특정한 동기가 작용한 이유를 모른다면, 그가 어떻게 그 행동을 선택하게 되었는지도 알 수 없다. 우리는 그의 생각과 동기를 공유할 수 없다. 그가 왜 그렇게 행동했는지 상상할 수 없다는 뜻이다. 우리는 유괴범의 입장이 되어 손에 칼을 들고 아이의 귀를 자르겠다고 결심한 척할 수 없다. 우리가 몇 년 전에 유괴범이었더라도 그런 행동을 할 수는 없으며, 이제는 끔찍하고 설명할 수 없는 행동으로 보일 뿐이다. 다른 사람의 입장에서 상상해보는 일은 매우 다양한 방식을 갖는다. 꼭 그 사람의 모든 감정과 감각을 느낄 필요는 없다. 그런 경우는 단순히 다른 사람을 이해하는 정도가 아니라 아예 그 사람이 되는 것에 가깝다. 그러려면 그의 머릿속에서 벌어지는 어떤 사고의 흐름을 체험할 수 있어야 하며, 그가 생각과 행동을 결정하려 할 때 수행하는 일을 모방하거나 그대로 따라 할 수 있어야 한다.

가장 단순한 종류의 상상은 다른 사람들과 몸짓이나 동작으로 어울리는 법을 배우면서 익히는 것이다. 놀이는 좋은 예다. 술래가 손으로 치는 것을 피해 재빨리 달려가는 아이들의 놀이를 생각해보라. 제각기 속임수 동작을 취하며 방향을 바꾸고, 술래도 이에 대응해 방향을 바꿔 달려간다. 이 놀이를 하려면 상대방이 움직이면서 당신을 잡거나 피하기 위해 취하는 예비 동작을 부지런히 흉내 내야 한다. 이렇게 하다보면 다른 사람의 입장에 선다는 것이 무엇인지 생생한 감각을 얻게 된다. 어른들은 테니스를 치거나 체스를 두고 음악을 연주하면서 그런 감각을 얻는다. 좋은 대화란 어른들의 술래잡기 놀이와 같다. 당신은 항상 다른 사람의 움직임을 예측하고, 속이는 동작을 취하고, 일단 그들이 어느 방향으로 가는지 보고 나서 행동한다. 당신은 두 사람 몫을 생각하며, 이는 상대방도 마찬가지다. 이런 방법이 통한다면, 당신과 상대방이 같은 체험을 하고 있다는 점을 확인하게 된다. 우리가 이런 일들을 즐기는 까닭이 바로 이러한 친밀감에 있다.

그렇지만 다른 사람의 입장이 되어보는 기회에 친근한 교류만 있는 것은 아니다. 우리는 때로 다른 사람을 함정에 빠뜨리거나 속이려고 그의 생각을 살펴보기도 하는데, 이런 경우의 상상은 미세한 차이를 보인다. 대개 그런 상상에서는 상대방과 가까운 느낌을 얻기 어렵다. 이 점은 중요하다. 왜냐하면 우리가 시도하는 것이 일종의 잘못된 상상인 탓에 그 사람에 대한 직관적 이해를 가질 수 없다고 생각할 소지가 있기 때문이다. 누군가를 함정에 빠뜨리거나 속이려 할 때도 정신을 집중해 그 사람의 습성을 따라 간다. 다만 특수한 방식으로 그럴 뿐이다. 만일 누군가를 비난하면서도 이해하기를 바란다면 서로의 거리를 유지하는 이해 방식을 고민해봐야 할 것이다. 내가 이 장에서 말하는 바가 옳다면 그런 종류의 이해는 가능하다.

중심 생각은 단순하다. 대부분의 일상적 이해에서 우리는 다른 사람의 욕망을 상상한다. 그가 원하는 것을 내가 원했다면 어떻게 행동했을지 상상하는 것이다. 그러나 악한 행동을 상상할 때는 그 욕망에 대한 이해를 목표로 삼으면 안 된다. 내가 줄곧 주장해왔듯, 악을 일으키는 전형적 요인은 어떤 특별한 욕망이 아니기 때문이다. 악한 행동을 상상하기 위해서는 어쩌면 우리 자신의 욕망과 매우 닮았을 수도 있는 그 행위자의 욕망이 과연 어떤 방식을 통해 우리의 행동과는 아주 다른 행동으로 전환되는지를 상상해야 한다. 이제부터 우리는 이런 상상의 방법을 배울 수 있을 것이다.

비도덕적 행동의 이해에 관한 몇 가지 쉬운 사례를 살펴보자. 나는 로널드 마일로의 『비도덕성』Immorality(1984)에 나오는 비도덕적 행동의 분류법을 사용할 것이다. 마일로는 비도덕적 행동을 여섯 개 표제어로 분류한다. 전체 목록은 도착적 사악함, 도덕적 나태함, 무도덕성, 선호적 사악함, 도덕적 무관심, 도덕적 나약함으로 구성되는데, 나는 그중에서 도착적 사악함, 선호적 사악함, 도덕적 무관심만을 다루려 한다.

도착적 사악함은 잘못된 도덕 원칙을 받아들이는 경우다. 확신에 찬 이데올로기적 인종주의는 도착적 사악함의 중요한 예가 된다. 그런 경우를 좀처럼 상상하기 어렵다면 심각성이 훨씬 덜한 사례를 떠올려보자. 당신이 특정 지역 출신 사람들에게 가벼운 편견을 갖는 경우는 쉽게 상상이 될 것이다. 당신은 뉴욕 출신 사람들이 저돌적이고 지나치게 자신만만하며, 특히 자신들의 능력을 허위로 제시한다고 여긴다. 그래서 여간해서는 그들을 채용하지 않는다. 그러던 어느 날 당신의 사무실로 뉴욕 출신 직원이 전근을 왔다. 그는 친절하고 관대하며 더할 나위 없이 정직했다. 돌이켜 생각해보니 당신 자신의 동기가 혼란스럽다. 당신이 고수하던 원칙은 '정직에 대한 옹호'였는가, 아니면 '뉴욕 출신 반대'였는가?

이 같은 사례들을 논의에 활용하려면 덜 심각한 경우와 끔찍한 경우 사이의 연속성을 확인할 필요가 있다. 또한 그 연속성이 상상력과 관련해 무엇을 보여주는지도 확인해야 한다. 그리고 이것들을 악 개념과 접목해야 한다. 그 점에 대해서는 몇 문단 뒤에서 다룰 것이다. 적잖은 악의 사례에 적용되는 마일로의 또 다른 범주는 선호적 사악함이다. 이것은 꽤 도덕적이던 사람이 사고 과정에서 도덕성 측면을 충분히 고려하지 않을 때 발생한다. 그 극단적 사례로, 적의 항복을 받을 만한 상황인데도 수많은 적군의 죽음을 초래할 군사전략을 채택하는 장군을 들 수 있다. 그의 전략은 더 완전한 승리를 가져올 수 있겠지만, 불필요한 인명 손실을 대가로 한다. 그의 동기는 명확하다. 하지만 당신이 그 장군의 입장에서 속으로 이렇게 말한다고 상상해보라. '그들은 군인일 뿐이야. 외국 군인들이지. 그들이 살아 있는 한 나는 적을 전멸시킨 게 아니라 제압한 것에 지나지 않아.' 당신도 터무니없는 소리란 것을 안다. 이런 생각을 그럴싸한 말로 포장하려면 더없이 두터운 야심과 잘 훈련된 맹목성이 필요할 것이다. 이 경우와 달리 도덕성의 무게를 좀 덜어내고 우리 삶에 더 가까운 문제로 옮겨가본다면, 현실적이고 쉽게 상상할 수 있는 선호적 사악함의 사례들이 떠오를 것이다. 어떤 학자는 형편없는 책을 비평하면서 반대 파벌의 인물이 썼다는 이유로 필요 이상의 심한 악평을 쏟아낼지도 모른다. ('어쨌든 질 나쁜 책이고, 더군다나 이런 관점을 내세우는 나쁜 책은 기를 꺾어놔야 해.') 또한 파산을 신청하게 된 회사 경영자는 노동조합 지도부가 회사의 어려움에 책임이 있다는 이유로 조합원들의 연금은 내팽개친 채 주주의 이권만 챙기려 할지도 모른다.

마일로의 범주에서 마지막 항목인 도덕적 무관심은 자신이 해야 할 일을 아주 잘 알면서도 행동할 때는 이를 완전히 무시하는 경우를 말한다. 개별적 행동만을 두고 보자면 도덕적 무관심과 선호적 사악함을 명확히 구별할 수 없다. 그러나 전체적 행동 유형을 결정짓는 인물의 특성에 주목한다면, 다른 사람에 대한 의무에 전혀 관심이 없는 사람과 그 의무에 충분한 중요성을 부여하지 않는 사람 사이에는 명확한 차이가 있다. 후자가 위선적이고 자기기만적이며 유혹에 쉽게 굴복하는 인물형이라면, 전자는 만일 그런 특성이 평생 지속될 경우 소시오패스라 할 수 있다. 우리는 이전 장에서 소시오패스의 여러 사례를 다뤘다. 그들은 항상 우리 가운데 존재하겠지만 평범한 인간과는 다르다. 일반적 상상력으로는 그 차이를 따라잡기 어렵지만 한 가지 방법이 있다. 2장에서 가난한 나라 사람들이 부유한 나라 사람들을 소시오패스로 여기기 쉽다고 했던 말을 떠올려보라. 사실 국경 밖에서 일어나는 어떤 참상에든 무관심한 소시오패스 국가를 상상하는 것이 소시오패스 개인을 상상하는 것보다 쉽다. 그리고 한 나라 전체보다 훨씬 더 단순한 조직인 회사나 부서 또는 위원회가 같은 종류의 무관심을 보이는 것도 떠올리기 쉽다. 비유적 수법으로 도덕적 무관심 상태를 이해해볼 수 있다. 어느 위원회의 위원 한 사람은 도덕적으로 고리타분한 의견만 내놓고, 나머지 위원들은 그가 제출하는 안건마다 항상 부결한다. 이 위원회 의장이 당신이라고 상상해보라.

이상의 예들은 다른 사람을 상상하는 법을 보여주었다. 이러한 상상을 통해 우리는 잔혹하지는 않지만 심각한 잘못을 저지른 사람이 되어볼 수 있다. 그것은 또한 일상적 경우에서 심각하게 잘못된 행동과 이보다 더 최악의 행동 사이에 존재하는 연속성을 우리의 상상력이 따라갈 수 있으리라는 희망을 갖게 한다.

'나'와 '타인'의 악을 상상하기

여기서부터는 어려운 부분이다. 지금까지 우리가 살펴본 것은 잘못된 행동을 직관적으로 이해하는 방법이었다. 이제 이 방법을 악한 행동을 직관적으로 이해하는 방법으로 변환해야 한다. 앞서 주의를 주었듯이, 그 이해는 당신이 함께 춤을 추고 있는 사람에게서 느끼는 감정과는 다르며 그 차이는 당연한 것이다. 왜냐하면 악한 행동을 이해하기 위해서는 우리가 보통은 상상하려 하지 않는 것, 다시 말해 악행자가 잔혹 행위 금지 장벽을 넘어가는 방식에 집중해야 하기 때문이다. 일반적으로 우리는 그것을 상상하지 않는다. 자신이 악한 행동을 하는 경우를 결코 상상하지 않기 때문이 아니라, 우리가 일상적으로 악한 행동이라 생각하는 것이 실은 주변에서 벌어지는 흔한 행동에 지나지 않기 때문이다. 그래서 우리는 악한 행동에 대한 장벽이 충분히 극복될 수 있다고 믿게 된다. 노예제 사회의 구성원은 자신의 친구가 귀중품을 파손한 노예에게 화를 내고 매질한 일에 대해 쉽게 공감할 것이다. 우리 사회에 좀 더 적절한 예를 하나 들자면, 남편이 연쇄 강간범이라는 증거가 충분한데도 그 비밀을 혼자 간직하는 여성을 떠올려볼 수 있다. 그녀는 때때로 비밀을 폭로하는 게 어떨지 얼핏 고민을 해보지만 금세 몸서리치면서 그 생각을 떨쳐버린다. 남편의 범죄를 숨기는 그녀의 행동이 지극히 잘못된 것이라고 해도, 우리는 그녀의 처지를 상상할 수 있다. 그때 우리의 상상은 소중한 인물에 대한 신의에서 그의 악행을 믿지 않으려 하는 상황에 초점을 맞출 것이다. 그런데 우리가 그 가운데 특이한 지점을 너무 자연스럽게 지나쳐버렸다는 사실은 깨닫지 못한다. 그녀가 생각을 떨쳐내는 지점, 다시 말해 '이건 진짜 심각한 문제야. 그냥 넘어가선 안 돼. 누군가에게 얘기해야 해'라는 생각이 그녀에게서 금지되는 지점이다.

이전 장에서 우리는 일상의 잘못된 행동에서 악으로 상상력을 옮겨갈 수 있는 몇 가지 방법들을 살펴보았다. 그중 한 가지는 동기 자체가 아니라 악행자가 자신의 동기를 어떤 이미지로 인식하고 있는가를 상상하는 것이었다. 예를 들면 야만적 행위를 미화하는 이데올로기나 살인자가 자신의 행위를 합리화하는 방식에 주목하는 것이다. 또 다른 방법은 위험인물의 깨지기 쉬운 자존감을 상상하는 것이었다. 이는 폭력적 인물의 불안정한 자신감, 즉 다른 사람을 힘으로 굴복시킴으로써 우울감에서 벗어나는 방식에 주목하는 것이다. 세 번째 방법은 자신의 행동이 어떻게 악하게 보일 수 있는지를 상상하는 것이다. 부유한 사회에 속한 선의를 가진 구성원이 어떻게 소시오패스에 비유될 수 있는지를 주목하면 된다. (우리의 관심사는 사람들이 우리를 어떻게 볼 것인가의 문제이지, 그들이 우리의 진정한 모습을 어떻게 볼 것인가의 문제가 아님을 기억하자.) 이처럼 악을 상상하는 방법은 잔혹행위 금지 장벽을 피하는 특수한 방식들에 주목한다. 그렇다면 그 각각의 방법들이 일상 행동에서부터 극악한 행동에까지 우리의 상상을 어떻게 단계적으로 이끌어주는지를 살펴보자.

첫째는 자기 이미지다. 사람들은 누구나 자기가 어떤 사람인지 규정하며, 이를 통해 자신의 동기를 조종하기도 한다. 다른 경우에는 하지 못했을 행동도 이 자기규정 덕분에 해낼 수 있게 된다. 무언가에 겁먹은 아이에게 "참 용감한 아이구나"라고 말해주는 것은 그 아이로 하여금 스스로를 용감하다고 생각하게 하면 실제로 용감하게 행동하리라 기대하기 때문이다. 이런 식으로 잘못된 행동을 하게끔 조종할 수도 있다. 이와 관련된 일상적 예는 많이 있다. 예를 들어 당신은 업무 중 저지른 실수에 대해 부하 직원에게 책임을 돌리기로 마음먹었다. 남들에게 의심받지 않으려면 그 직원을 해고해야 하는데, 그동안 쌓아온 돈독한 관계 때문에 마음에 걸린다. 그래서 당신은 자신을 이렇게 다그친다. '나는 야심 있고 잘나가는 사람이야. 내 성공의 비결은 바로 냉혹함이지.' 또 다른 예로, 이제는 라틴아메리카 문화로 정착한 나르코코리도 발라드*의 영웅적 이미지를 통해 자신의 행동을 바라보는 어느 마약 밀수꾼을 떠올려보라. 그는 자신을 신문이나 영화에 흔히 등장하는 그런 악당이 아니라, 로빈 후드나 인디애나 존스 같은 인물로 생각한다.

이번에는 끔찍한 예를 하나 들어보자. 한나 아렌트는 『예루살렘의 아이히만』에서, 나치 친위대 장교들은 자신들이 명령받은 야만적 행위를 해내기 위해서 자신들의 임무가 얼마나 끔찍한지를 생각했을 것이라고 이야기한다.

> 문제는 자신의 양심을 어떻게 극복하는가가 아니라 정상적 인간이라면 누구나 고통받는 신체 앞에서 느끼는 동물적 연민을 어떻게 극복하는가였다. 힘러가 사용한 수법은…… 말하자면 이러한 본능을 뒤집어 자기 자신에게 향하도록 한 것이었다. 그리하여 '내가 사람들에게 얼마나 끔찍한 일을 했는가!'라고 말하는 대신, 그 살인자들은 '나의 의무를 이행하면서 나는 얼마나 끔찍한 일을 목격해야 했는가, 내 임무가 내 어깨를 얼마나 무겁게 짓눌렀는가!'라고 말할 수 있었을 것이다.

이러한 생각이 반드시 악과 관련되어 있는 것은 아니다. 때

---

* '마약 발라드'라고도 하며, 실제 마약 관련 사건이나 마약 조직의 영웅담을 노래하는 멕시코의 음악 장르.

로는 올바른 행동이 정말 혐오스러울 수도 있기 때문이다. 아이를 구하기 위해서 순진한 표정을 짓는 남자에게 총을 쏴야 하는 2장의 사례를 떠올려보라. 그렇지만 자신이 혐오스러운 행동을 할 수 있는 사람이라고 스스로를 설득하는 것은 불장난을 하는 격이다. 그것은 해로운 행동을 막는 의무 장벽을 약화할 위험이 있다.

자기 이미지가 행동을 가능하게 만드는 사례들은 일상적 잘못과 끔찍한 행동 사이에 많이 퍼져 있다. 한쪽에서 다른 쪽으로 넘어가는 진행 방향이 분명한 이상, 그 사례들을 일렬로 늘어세울 필요는 없을 것이다. 일상적 잘못을 저지르는 경우를 상상할 수 있다면, 그 자기 이미지 조작을 그대로 활용해 끔찍한 행동을 하는 경우도 상상할 수 있다. 끔찍한 행동의 동기를 낱낱이 상상할 수 있다는 얘기는 아니다. 그러나 악의 발생에서 핵심적인 과정, 즉 가해 행위 금지의 극복 과정을 상상할 수는 있다. 악하게 되는 이유에서 중요한 부분, 해로운 행동을 막는 금지의 극복을 상상할 수는 있다.

깨지기 쉬운 자존감도 이와 유사하다. 우리는 그런 자존감이 지극히 일상적인 잘못에서 장벽 회피의 기능을 하리란 점을 충분히 상상할 수 있으며, 훨씬 심각한 잘못의 경우에도 비슷한 방식으로 생각할 수 있다. 모든 인간은 자존감을 유지하고, 자신을 가치 있게 여기며, 실제로 자기 가치가 타인들에게서 긍정적 평가를 받는다고 생각하려 하는 보편적 욕구를 갖는다. 그렇지만 정작 어떤 종류의 가치가 그 욕구를 충족시킬지는 사람에 따라 천차만별이다. 누군가는 사랑받기를 바라고, 누군가는 두려움의 대상이 되기를 바라며, 또 누군가는 도덕적 인물로서 존경받기를 바란다. 어떤 가치든 우리는 흔히 그에 대한 상반된 믿음들을 동시에 갖는다. 때로는 그 가치에서 자신이 완벽하다는 환상이 믿음으로 기능하고, 또 때로는 자신이 철저히 무가치하다는 두려움이 믿음으로 기능하기도 한다. 아무리 냉철한 사람이라도 이러는 것이 정상이다. 하지만 어떤 사람들의 경우에는 신의 자리에 오르는 것과 개똥 같은 신세로 전락하는 것 사이의 긴장 상태가 유난히 불안정하다. 그런 사람들은 자기 가치를 증명하기 위해 극단으로 치달아야 할지도 모른다.

우선 정상적인 사람들의 일상적 사례부터 살펴보자. 일상생활의 사소한 가학증이다. 당신은 어린 학생이다. 유독 마음에 안 드는 거만한 교사가 교실에 들어와 의자에 막 앉으려 한다. 의자에는 뾰족한 압정 침이 솟아 있지만 당신은 그 사실을 알려주지 않는다. 오히려 의자에 앉자마자 얼굴을 찡그리고는 잠시 동안 아무 일도 없다는 듯 태연한 척하더니 결국 교실 밖으로 서둘러 뛰쳐나가는 교사의 모습을 당신은 즐겁게 지켜본다.

다른 사람의 고통에서 느끼는 즐거움이긴 하지만, 사실 이런 일을 즐기지 않는 아이야말로 특이한 아이일 것이다. 그런데 무엇 때문에 즐거운가? 여기서 중요한 사실은 피해자가 평소 학생들이 보기에 자신들에게 권위를 내세우던 교사라는 점과, 그가 자신의 체면을 지키려 애쓴다는 점이다. 이 이야기는 그 교사도 여느 사람과 다를 바 없으며 어린 학생들과 마찬가지로 약점이 있는 존재이기 때문에 학생들이 교사와 비교해서 자신들을 열등하게 느낄 필요가 없다는 점을 보여준다. 거만하고 위세 높던 사람이 바나나 껍질에 미끄러지거나 형벌을 받음으로써 응분의 대가를 치르는 모습에 재미를 느끼는 이유도 마찬가지다. 우리 같은 불쌍한 죄인들의 실패에서는 그러한 만족감을 느끼지 않는다.

어떻게 이런 일이 생길까? 어째서 다른 사람의 굴욕을 통해 자존감이 강화될까? 이것은 인류의 덜 매력적이고 이해하기 힘든 특징 중 하나다. 그러나 여기에도 나름의 분별이 있다. 불가능한 기준에 자신을 견주기보다 주위 사람들에게 뒤처지지만 않으면 만족을 느끼는 것이다. 그래서 자신보다 더 행복한 사람을 추락시켰을 때 자신의 현재 상태에 더 만족하게 된다. 그런데 이런 자존감의 원리는 부러움을 설명하는 데 도움이 되기는 하지만 가학증을 설명하기에는 부족하다. 하지만 우리가 필요로 하는 것은 가학증에 대한 설명이 아니다. 우리에게 필요한 것은 상식적 심리 상태의 테두리에서 부러움이라는 일상적 심리를 활용해 가학증을 상상하는 것이다. 상상하기는 교사와 압정 같은 사소한 사례에서 훨씬 더 악한 사례로 쉽게 이동한다. 그러한 예가 여기 있다.

당신은 평생 똑똑하고 야심 많은 동창생의 그늘에 가려 있었다. 그는 당신보다 성적도 우수했고, 운동과 음악에서도 뛰어났으며, 이제는 유망한 극작가가 되었다. 그에 비해 당신은 잘 알려지지 않은 신문사에서 파트타임 기자로 일하고 있다. 그 친구는 교외 생활에 대한 자잘한 정보를 얻으려고 종종 당신에게 연락을 해오는데, 항상 잘난 체하는 말투로 당신을 대한다. 그의 첫 번째 장편극이 브로드웨이 공연을 앞두고 있을 때, 당신은 우연히 두 비평가 중 누구에게 평을 맡겨야 할지 고민하고 있는 『뉴욕 타임스』 편집자와 대화하게 된다. 한 사람은 대체로 공정하고 사려 깊은 반면에, 다른 한 사람은 열광이든 증오든 즉각적 반응을 보이는 것으로 악명이 높고 그의 평은 극찬이 아니면 독설로 가득했다. 당신은 이 두 번째 비평가가 그 친구의 작품을 좋아하지 않으리라고 직감하고, 그에게 비평을 맡기도록 편집자에게 제안한다. 실제로 그 비평가는 연극을 싫어했다. 연극의 단점들을 짚어내면서 거침없는 경멸조로 강조하는 통렬한 비평문이 게재되었다. 당신은 그 기사를 읽고 항상 부러워하던 사람이 모욕받는 것에 즐거워하며 키득거린다. 하지만 며칠 지나지 않아 문제의 혹평이 발표되던 시점에 그 극작가의 사생활에 불행한 변화가 일어났고 마침 그의 감정 주기가 위험한 시기였다는 사실을 알게 되었을 때, 당신의 즐거움은 죄책감으로 변하고 만다. 그가 자살한 것이다.

결과가 끔찍한 만큼이나 당신은 자신이 거기에 일조했다는 사실에도 끔찍함을 느낄 것이다. 그러나 당신은 이런 결과를 의도하지 않았다. 단지 약간의 변화가 당신의 행동을 악하게 만들었을 뿐이다. 이런 가정을 해보자. 혹평이 나간 후에 그 극작가를 만났더니 그 일로 크게 상심한 것은 아니었다. 그래서 당신은 그 비평의 가시 돋친 말에 담긴 신랄함을 최대한 되살려준다. 다음 만남에서는 그가 전보다 조금 더, 위험하다 싶을 만큼 우울해한다. 당신은 악의 섞인 쾌감을 느끼며, 희곡의 문제는 그의 인생 문제와 무관하지 않다고 지적한다. 그런 식으로 만남이 이어진다. 그는 움츠러들수록 얘기할 상대를 찾으며 당신에게 의지하고, 당신은 더 교묘하게 그로 하여금 자신의 능력과 장래를 의심하게 만든다. ('당신'이 어떻게 이 일을 해내는지 정확히 보여주려고 둘의 대화를 써보려 했지만 결과는 썩 좋지 않았다.) 그러던 어느 날, 당신에겐 놀랄 일이 아니지만, 그의 자살 소식이 전해진다.

당신의 행동은 살인이나 마찬가지다. 동경이 자극하고, 질투가 감행한 살인이다. 만일 우리가 교사와 압정 사례에서 첫 번째 극작가 이야기로, 그리고 다시 두 번째 이야기로 차례대로 옮겨 간다면, 우리의 상상력도 막힘없이 매끄럽게 이동한다는 것을 발견하게 된다. 친구를 자살로 몰아간다는 것이 어떤 것인지 우리는 알고 있다. 그러나 우리는 부분적으로만 알 뿐이다. 그 무엇도 전부를 알 수는 없다.

다음에 살펴볼 세 번째 상상 전략은 앞의 두 가지 방법들과 매우 다르다. 이 전략은 다른 사람이 어떻게 당신의 동기가 악하다고 생각할 수 있는지 파악하고, 당신의 동기에서 어떤 측면에 초점을 맞추는지 확인하며, 마지막으로 이 측면을 다른 사람들에게 적용해보는 순서로 진행된다. 다시 말해서 다른 사람의 도덕적 판단을 참고해 자신의 동기가 어떻게 보일지를 상상하고, 이로써 악한 동기를 상상하는 것이다. 복잡하게 들리겠지만 단순한 예가 있다.

과체중 미국인인 당신은 보통 크기의 자동차가 비좁게 느껴진다. 새로 4륜구동 차량을 구입해 탔더니 훨씬 편안하다. 10대 때 몰던 차처럼 널찍하게 느껴지는 공간이 마음에 드는 데다가 이 차를 운전하고 있으면 자신이 뚱뚱하다는 느낌도 덜하다. 그러다가 당신은 한 환경운동가를 만난다. 실제로는 더 재치 있게 표현했겠지만, 그는 당신에게 이런 요지의 말을 던진다. "당신은 사악한 돼지야. 공기를 오염시키고 그 뚱뚱한 몸을 유지하느라 인류의 식량 자원을 고갈시키지. 자전거를 타면 살도 빼고 해를 끼치지도 않을 텐데 말이야. 당신 같은 사람이 바로 세상의 골칫 거리야." 그나마 좋게 표현하자면, 이 말은 당신을 깜짝 놀라게 한다. 당신은 자신의 선택이 비난받을 수도 있다는 것을 알았지만 자신이 악하다고 생각해본 적은 없다. 하지만 환경운동가의 지적을 어떻게든 되받아치려고 서둘러 결론을 내릴 필요는 없다. 당신은 다른 사람들을 직관적으로 파악하는 데 그 지적을 이용할 수 있다.

무감각한 부주의에서 벌어진 과실을 살펴보자. 2003년에 실제로 일어난 사건이다. 한 운전자가 차를 몰고 집으로 돌아오는데, 술 취한 부랑자가 다리에서 추락해 그의 차 앞 유리로 떨어졌다. 하지만 운전자는 차를 멈추지 않고 앞 유리에 박힌 남자를 그대로 둔 채 집으로 갔다. 운전자가 집 안에서 마약을 한 뒤 몇 시간 후에 나왔을 때, 남자는 이미 과다출혈로 사망한 상태였다. 믿기 어렵고 상상하기도 힘든 행동이다. 그러나 이를 당신의 4륜구동 자동차 구입과 비교해보라. 차 유리창에 박힌 남자의 신음 소리처럼 환경의 중요성에 대한 이야기가 당신에게 들려온다.

애써 그 이야기를 외면한다 해도 당신은 자신의 행동이 나쁜 결과를 가져오리라는 점을 잘 알고 있다. 하지만 그런 행동을 고치려면 정제 설탕과 가공유지가 없는 다른 삶을 살아야 한다. 언젠가는 그렇게 하고 싶을지 몰라도 지금 갑자기 실행하자면 금단증상에 시달릴 것이 뻔하다. 그래서 당신은 상황을 개선할 만한 행동을 막연한 미래 시점으로 미뤄둔다.

자신의 차에 박힌 부랑자를 방치한 운전자와 4륜구동 자동차를 구입하는 '당신'의 상황은 엄연히 다르지만, 다른 한편으로 분명한 심리적 유사성이 존재한다. 이 유사성을 통해 당신은 운전자의 믿기 어려운 무감각을 어느 정도 이해해볼 수 있다. 당신에게 환경 문제가 그렇듯이, 그 운전자의 관점에서 차 유리창에 박힌 남자는 어떤 식으로든 수습하기 곤란한 상황이었다. 그렇지만 당신이나 운전자나 상황의 곤란함이 그 순간의 요구만큼 절실한 것은 아니다. 그리고 그 곤란한 상황에 대한 최선의 대처법을 찾는 데 문제가 있다는 것은 당신과 운전자 모두 그 상황을 끊임없이 의식에서 몰아내는 방법을 찾고 있다는 뜻이다.

심리적 유사성이 꼭 도덕적 유사성으로 이어지는 것은 아니다. 당신은 어떤 특정한 사람의 죽음에도 직접적으로 관여하지 않았다. 자신의 행동이 초래한 피해 사실을 두 눈으로 직접 보지도 못했고, 누군가를 돕거나 도움을 거절할 수 있는 유일한 위치에 있는 것도 아니다. 이러한 차이들은 도덕적 측면에서 대단히 중요할 수도 있다. 판단은 당신의 몫이다. 당신은 줄곧 정당했다고, 당신의 행동이 공정한 비판의 대상이 될 수는 있겠지만 악하지는 않다고 판단할 수도 있다. 하지만 당신의 판단이 그렇더라도, 누군가가 당신의 동기를 왜곡하지 않고도 당신의 행동이 악하다는 점을 설득력 있게 비판할 수 있다는 사실을 직시해야 한다. 이런 상대적 인식을 통해 이제껏 불가사의나 다름없던 다른 사람의 악한 행동을 이해할 수 있는 도구가 갖춰질 것이다.

진실을 규명하기, 복수의 악순환을 끊기

지금까지 살펴본 이해 방식들은 모두 부분적이다. 많은 것을 해명해주기도 하지만, 그만큼 많은 부분을 모호한 상태로 남겨둔다. 사실 우리가 소개한 직관적 설명도 사정은 마찬가지다. 그런데 우리가 제시한 설명들은 일반적으로 모호함이 해소되기 마련인 어떤 부분들마저 불명확한 상태로 남겨둔다. 그 대신 보통은 그다지 많은 공을 들일 필요가 없는 부분에 집중해 상세히 파고든다. 그처럼 단편적인 이해를 시도하는 이유는 무엇일까? 나는 이 질문에 우회적으로 답하려 한다. 이번 절은 화해를 다루고 있으며, 연관성은 나중에 확인하게 될 것이다.

1994년에 남아프리카공화국이 역사적인 민주주의 이행을 이루었을 때 국민들은 수십 년간 이어진 공포를 되돌아볼 수 있었다. 오랜 세월 동안 아파르트헤이트라는 인종 차별 정책을 편 소수 백인들의 지배 체제는 모든 시민의 동등한 권리를 요구하는 끈기 있고 단호하며 잘 조직된 저항운동에 직면해 체계적인 잔학 행위를 통해서만 유지될 수 있었다. 전체 목록을 열거할 필요는 없다. 남아공 정부는 피의자를 토치램프로 심문했고, 반정부 인사를 재판 없이 일상적으로 살해했으며, 아이들에게도 총격을 가했다. 경찰 간부들은 정치범을 불태우는 동안 그 옆에서 바비큐를 즐겼다. 저항 또한 격렬했다. 폭탄 테러, 암살, 집단 폭행이 일어났다. 그리하여 마침내 억압적 체제가 무너졌을 때, 그 커다란 상처를 겪고 살아오면서 제각각의 신념과 인종으로 갈라진 사람들이 어떻게 국가 정상화를 위해 협력할 수 있을지는 누구도 예측할 수 없었다. 과거사에 대한 보복 행위가 벌어져 예전 권력층을 표적으로 삼는 새로운 잔혹 시대가 초래될 위험성이 실재했다. 그러나 남아프리카공화국은 정권 교체 이후 몇 년 만에 그 위험에서 벗어났다. 예상보다 폭력은 덜했고, 새로운 사회를 건설하는 과정에서 매우 광범위한 협력이 이루어졌다.

이처럼 위험을 모면할 수 있었던 이유 중 하나로 진실화해위원회의 역할을 꼽을 수 있다. 이 위원회는 새로 구성된 남아프리카공화국 의회가 별도의 법령으로 설립한 기구로서, 법적 집행력을 지녔으며 통상적인 법 절차보다 더 폭넓은 목표를 가지고 있었다. 진실화해위원회의 핵심적 발상은 관련자로 하여금 자발적으로 위원회에 출석해 억압적 통치 기간에 타인의 권리를 침해한 사실을 인정하도록 한 것이었다. 위원회는 그들의 행적을 조사하고, 다른 증인들을 소환할 수 있었다. 지원자가 위원회의 조사 활동에 진실하고 화해를 이끄는 태도로 임했다고 판단될 경우, 위원회는 지원자가 과거 행위로 형사 고발되지 않도록 사

남아공 진실화해위원회의 청문회 장면. 왼쪽 사진은 고문을 재연하는 모습.
©George Hallet South African History Online

면을 허락할 수도 있었다.

진실화해위원회가 거둔 성과는 대단했다. 많은 사람들이 위원회에 자진 출석했으며, 그들의 증언은 인종 탄압 기간에 일어난 일을 이해하는 데 큰 도움이 되었다. 수많은 피해자 가족들은 이제 자신들의 가족에게 무슨 일이 일어났는지, 누가 가족을 죽였는지 알게 되었다. 이런 정보는 분노를 야기하리라고 예상되었지만, 대체적인 반응은 위안과 오랫동안 쌓여온 분노나 슬픔의 완화였다. 피해자들과 고문자들은 각기 다른 방식으로 힘든 시기를 이겨나가려는 사람들로서 서로를 만나고 받아들였다.

위원회의 유일한 실패는 이전 정부 최고 책임자들의 증언을 이끌어내지 못한 데 있었으며, 이로써 중대한 공백을 남기게 되었다. 위원회에 출석한 경찰과 군의 일선 간부들은 자신들이 기계 부품일 뿐이었으며, 이제는 그 기계가 악하다는 것을 알지만 당시에는 상부 지시에 따라 움직일 수밖에 없었다고 증언했기 때문이다. 실제로 과거 정부의 지도자들은 잔혹 행위의 세부 사항들과 관련해서 다른 민주주의 국가의 지도자들이 흔히 알고 있는 정도보다 훨씬 더 많은 내용을 알고 있었다는 증거가 존재했다. 이전의 남아프리카공화국은 기껏해야 최저 수준의 민주주의 국가였지만, 언론의 자유와 민주주의적 제도의 허울은 어느 정도 갖추고 있었다. 대개 민주주의 체제의 지도자들은 자신들이 판을 짜놓았지만 엄밀히 말해서 실행한 것은 아닌 범죄의 세부 사항에 대해 여러 겹의 무지와 무관함의 막을 쳐놓으려 한다. 그러나 남아프리카공화국의 대통령은 예컨대 남아프리카 교회 협의회 본부에 대한 폭파 테러를 승인했던 것으로 보인다. 이처럼 이전 정부의 지도자들이 위원회에 소환되지 않은 탓에 과거의 중요한 부분은 사실적 추정과 감정적 모호성에 내맡겨지고 말았다.

남아프리카공화국의 진실화해위원회는 한 사회에서 지난날의 적들이 공존하기 위해 과거를 되돌아본 최초의 사례가 아니다. 유명한 선례로 기원전 403년 아테네에서 단행된 사면이 있다. 혁명으로 30인 참주 정치를 전복하고 민주주의를 회복한 아테네 시민들은 참주 진영과 혁명 진영에서 각자가 맡았던 역할에 대해 죄를 묻지 않기로 결의했다. 승리를 거둔 민주주의자들이 서약한 내용에는 이런 조항이 포함되었다. "나는 30인의 참주 외에는 어떤 시민에 대해서도…… 또한 자신이 한 일을 자백하는 참주에 대해서도 불만을 품지 않을 것이다." 우리는 진실과 화해의 관련성을 확인하게 된다. 즉 과거의 참주가 자신이 한 일

1970년대 아르헨티나 군사정권은 민주화 세력을 잔혹하게 탄압했다.

과 그 이유를 말한다면, 과거의 행위를 비난하지는 않겠다는 것이다. 일찍이 고대 그리스 사회는 복수와 응징의 악순환을 끊기 위해 유사한 조치들을 시도해왔는데, 아테네의 사면도 그런 전통에 기반한 것으로 보인다. 인류 역사에서 잔혹 행위의 끝없는 악순환을 막기 위해 보복할 권리를 포기해야 한다고 생각했던 경우는 드물지 않을 것이다. 우리 현대사에서도 한 사회가 공포의 시대를 되돌아보면서 상당한 불확실성 가운데 진상을 파악해야 할 때면 그런 생각이 수면 위로 떠오르곤 했다. 초기의 사례로는 1983년에 아르헨티나 정부가 과거 군사독재 정권 아래 벌어진 학살과 납치 사건을 조사하려고 설립한 실종자진상조사 국가위원회가 있다. 현재 세계적으로 15개 이상의 위원회가 설립되어 과거사 정리의 일환으로 인권유린 사건을 조사하고 있다.

그중에서도 남아프리카공화국의 진실화해위원회는 특별한 사례다. 이 위원회만큼 진정한 화해에 필수적인 장치들을 갖추고 있는 경우가 드물기 때문이다. 그 주요한 특징들은 다음과 같다.

- 위원회는 법정이 아니었다. 처벌 권한이 없을 뿐만 아니라 행위의 위법성 여부를 가리지 않고 인권침해 사례 전반을 다루었다.
- 위원회는 국가 권력의 지원을 받았다. 증인을 소환할 수 있었고, 거짓말은 위증죄가 되었다.
- 피해자가 입은 피해 정도를 파악하여 보상금을 지급할 수 있었다. 그 액수는 일반적으로 피해 정도에 비해 미미하고 상징적이었다. 보상금으로 잃어버린 자식을 되찾을 수는 없었다. 그 실제 기능은 부당한 일을 겪은 사람에게 전하는 사과의 표시였다. 위원회는 피해자 이름을 붙인 거리를 만드는 식으로 피해 사실을 인정하는 다양한 방안을 권고할 수 있었다.
- 사면 신청자가 회개와 죄책감을 표명할 의무는 없었지만, 자신의 행위를 자랑스럽게 여기거나 피해자의 고통에 대해 무관심할 수는 없었다. 그는 실제 벌어진 일이 끔찍했다는 점과, 그 일에 따른 피해자가 존재한다는 점을 인정해야 했다.
- 위원회는 진영을 가리지 않고 모든 잔혹 행위를 조사했다. 저항운동 참여자들과 남아프리카공화국 사회의 대다수는 과거의 통치 체제에 반대한 사람들의 행동이 체제에 가담한 사람들의 행동보다 더 정당성을 띤다고 생각했겠지만, 위원회의 관점

에서 잔혹 행위는 오직 잔혹 행위일 뿐이었다.

• 　위원회의 최우선 목표는 진실 규명이었다. 사면 지원자나 그 이전에 증언한 사람의 주요 의무는 실제 벌어진 일의 전말을 정확히 설명하는 것이었다.

　남아프리카공화국의 경험은 다른 사회에도 화해의 시도를 불러일으켰다. 주로 폭정이나 혼돈의 시기를 거쳐 성공적으로 민주주의 체제로 이행한 사회에서 그런 시도가 있었다. 그에 비해서 민주주의가 아예 부재하거나, 전부터 민주적 토대가 일정하게 갖춰져 있던 까닭에 그 같은 이행을 경험하지 못한 사회에서는 모방이 성공적이지 못했다. 가령 북아일랜드의 분열된 사회에서는 양측 모두 숱한 잔혹 행위를 저질렀고, 너무 많은 의문점들이 해소되지 못한 채 의심과 불신을 키워왔지만, 진지한 화해의 시도는 없었다. 근본적인 체제 변화가 일어나지 않은 사회에서 진실화해위원회 같은 기구를 설치하려면 엄청난 난관을 극복해야 한다. 무엇보다 정부 기관들이 자신들의 활동을 비밀로 유지하려고 치밀한 방해 공작을 펼치기 때문이다. 한편 근본적인 대변동을 겪은 사회라 할지라도 우리가 말하는 화해 과정은 진실을 은폐하려는 쪽과 복수를 꾀하는 쪽의 일치된 이해관계 때문에 가로막힐 공산이 크다. 제2차 세계대전 직후 유럽에서는 뉘른베르크 재판•과 프랑스의 나치 부역자 기소에서처럼 승자의 정의라는 표피적 처방으로 과거사 문제를 다루었고, 그 후에는 집단적 망각이 이어졌다. 당시의 역사적 사실과 인물들을 공

• 　1945년 승전국의 주도 아래 전쟁범죄인 처벌을 목적으로 독일 뉘른베르크에서 열린 국제 군사재판.

뉘른베르크 국제 군사재판에 기소된 나치 독일의 수뇌부 전범들.
첫째 줄 왼쪽에 앉아 있는 두 사람이 헤르만 괴링과 루돌프 헤스다.

공의 장에서 재평가하려는 체계적 시도가 이루어진 것은 그로부터 몇십 년이 지나고 전쟁의 기억에서 비교적 자유로운 전후 사회체제가 형성된 이후였다.

화해에서 정부의 지원을 받는 위원회가 필수적이지는 않다. 특정한 분야에서 화해 문제를 다루는 비정부 조직이 있다. 그중 하나가 내가 회원으로 참여하고 있는 MVFR, 즉 화해를 위한 살인피해자 가족모임Murder Victims' Families for Reconciliation 이다. 이 단체는 폭력 범죄의 피해자들 모두가 복수에서 위안을 얻는 것은 아니라는 점을 환기하고자 결성되었다. 미국 사회에서는 살인죄로 유죄판결을 받은 사람이 사형에 처해지지 않는다면 피해자 가족들이 분개하리라는 인식이 흔한 편인데, MVFR은 미국의 사형제 폐지 운동에서 중요한 역할을 담당하고 있다. 내가 아는 한, 영국에는 이와 비슷한 성격의 단체가 없다. 영국 사회에서는 살인 피해자의 가족들, 특히 살해된 아이들의 부모들이 응징 권한을 주장하기 마련이고, 정치인들은 이에 대해 매우 조심스럽게 협상을 진행해야 한다는 인식이 일반적이다.

화해는 가능한가

화해는 용서가 아니다. 화해의 목표는 그보다 더 심층적이다. 누군가의 행동을 용서한다는 것은 그 행동을 대수롭지 않게 여기고 마치 아무 일도 없었던 것처럼 행동하겠다는 뜻이다. 이상적인 용서는 진정한 참회가 있고 나서야 이루어진다. 잘못을 한 사람이 먼저 자신의 잘못을 깨닫고 다시는 그런 행동을 반복하지 않을 것처럼 변화해야 한다. 그런 참회가 있은 뒤에야 그 사람의 과거 모습을 잊고 다시 그와 어울릴 수 있다. 말하자면 '용서하고 잊기', 또는 더 현실적으로 말해서 용서하고 잊으려 애쓰는 모습을 보여주기가 가능해지는 것이다. 그렇지만 용서될 수 없는 행동들이 많이 있다. 홀로코스트를 저지른 나치를 용서하겠다고 주제넘게 나설 사람은 없을 것이다. 그럴 일은 없겠지만 유대인 민족을 대표해 이스라엘이 그런 선언을 한다 하더라도 속임수에 지나지 않을 것이다. 아무도 그 말을 믿지 않을 것이며, 그 속임수의 의도는 혐오스러울 것이다. 홀로코스트는 인류가 언젠가 기억에서 지워야 할 사건이 아니며, 그런 일이 없었던 양 덮어둘 수 있는 사건도 아니다. 아렌트를 비롯한 여러 사람들이 지적한 우려스러운 역설이 하나 있다. 즉 어떤 행동은 용서할 수 없을 뿐만 아니라 그 가해자가 저지른 일에 상응하는 처벌 방안을 찾을 수 없기 때문에 처벌할 수도 없다는 것이다.

화해는 다르다. 화해는 행위가 아닌 사람과 하는 것이며, 그 행위가 벌어지지 않았다는 듯이 눈감아주는 것도 아니다. 사람과 화해한다는 것은 그를 미래의 공동 기획에서 협력할 수 있는 사람으로 받아들이며, 협력을 불가능하게 할 수도 있을 적대감이나 모욕감을 밀쳐둔다는 것이다. 화해는 특히 처벌과 복수의 욕구를 포기하는 일이다. 그 사람이 잘못을 저질렀다는 생각을 떨쳐버리거나 그에게 친밀감을 느낀다는 의미가 아니다. 다만 그를 같은 인간으로, 제한적이나마 미래를 함께 구상할 수 있는 사람으로 인식하는 것이다. 악에서 회복되는 것이 공동의 미래 기획에서 가장 중요한 사안일 때, 화해하려는 사람들이 사회적 상처를 치유하거나 각자가 개인의 삶을 영위하도록 협력할 수 있을 때 화해의 가능성은 어느 때보다 높아진다.

갈등을 겪는 부부는 가정을 지키려고 화해를 택하기도 한다. 서로 화해할 의향이 있다는 점만 확인한다면 그렇게 결심할 수 있다. 용서는 그 이후의 문제다. 어쩌면 끝내 용서는 이루어지지 않을 수도 있고, 이때는 관계를 지속하지 않는 편이 더 나을지도 모른다. 그러나 그들이 헤어지더라도 가령 자녀 문제를 상의

하기 위해서 어쩔 수 없이 서로를 만나야 할 수도 있다. 그렇다면 그들에게 화해가 필요하다. 이런 경우의 화해는 상대의 인격적 특성에서 수용할 수 있는 측면과 수용할 수 없는 측면을 분리하고, 교류의 폭을 수용 가능한 측면에 맞춰 최소화하는 전략적 태도라 할 수 있다. (용서에 대해 이야기할 때면 모차르트의 오페라 〈피가로의 결혼〉The Marriage of Figaro 마지막 장면이 떠오른다. 백작 부인이 백작의 불륜을 용서하고 코러스가 '모두가 만족한다'를 부르는 장면인데, 사실은 아무도 변하지 않았으며, 기회가 생길 때마다 그런 상황이 다시 벌어지리란 걸 그들 자신도, 그리고 관객도 모두 알고 있다.)

넬슨 만델라는 이 같은 화해의 전략적 필요성을 매우 날카롭게 지적한다. 진실화해위원회 콘퍼런스 논문집『과거를 의뢰하기』Commissioning the Past (2002) 서문에서 그는 다음과 같이 말한다.

> 과거에 일어난 잘못의 본질과 범위를 확인하고 그것을 제거하는 방법론적 절차를 밟아가는 일. 나는 그 과업에 모두의 힘을 모으는 것이 화해의 중요한 목적이라고 믿는다. 가끔씩 나는 그토록 오랜 수감 생활을 겪고서도 어떻게 원한을 품지 않을 수 있었는지 질문을 받곤 한다. …… 남아프리카공화국 국민 수백만 명이 아파르트헤이트apartheid라는 감옥에서 훨씬 더 오랜 시간을 보냈다. 누군가는 아파르트헤이트 법으로 노숙자 신세나 다를 바 없는 절망적인 환경에 수감됐었고, 또 다른 누군가는 인종주의라는 마음의 감

옥에 갇혀 지냈다. 지금도 여전히 그런 공간에서 고통받고 있는 사람들이 있다. …… 이러한 상황에서 개인적 원한은 설 자리가 없다. …… 그 대신 우리는 지금까지 지속되는 과거의 효력을 모두 소멸하겠다는 확고한 방침을 조용한 결의 가운데 되새겨야 한다.

화해는 용서보다 더하기도 하고 덜하기도 하다. 화해는 양편 모두가 서로의 동기를 확인하는 가운데 태도 변화를 요구받는다는 점에서 용서보다 더하고, 상대방의 행위에 대한 도덕적 비난을 꼭 중단할 필요는 없다는 점에서 용서보다 덜하다. '과거의 효력을 소멸하기'라는 공동의 기획에 협력하려면 양편 모두 상대방을 충분히 이해해야 한다. 악을 용서하지는 못하더라도 악과 화해할 수 있는 이유가 바로 거기에 있다.

잘못을 저지른 사람에 대한 태도를 하나의 전체집합으로 볼 때 화해와 용서, 그리고 그 사이의 조합들은 그중 하나의 부분집합을 이룬다. 이 집합은 복권, 사면, 용서, 화해라는 계열로 정렬될 수 있다. 그중 가장 단순한 형태인 복권은 죄목이 무엇이든, 또 어떤 식으로 유죄가 성립되었든 따지지 않고 잘못을 저지른 사람을 사회로 받아들인다. 스탈린 정권의 피해자들이, 일부는 이미 사망한 뒤였지만, 그 이후의 소비에트 사회에서 '복권'된 것이 대표적 사례다. 내가 설명하고 있는 화해는 그 계열에서 가장 복잡한 형태다. 한편 이 집합과 밀접하게 연관된 다른 집합들이 있다. 그중 가장 중요한 집합은 잘못을 저지른 당사자의 태도와

오랜 수감 생활을 하며 남아공 흑인 민권운동의 상징이 된 넬슨 만델라 전 대통령.
아래 사진은 아파르트헤이트 종식 기념집회의 광경.

관련된 것으로서 수치심, 후회, 죄책감, 뉘우침의 계열로 정렬될
수 있다. 여기서 가장 단순한 형태는 수치심이다. 수치심은 기본
적으로 다른 사람들의 비난을 예감하는 데서 생겨난다. 가장 복

잡한 것은 뉘우침이다. 이들 두 집합은 깊은 연관성을 갖는다.

감정적으로 정교한 사람은 섣부른 느낌에 빠져들지 않고, 상황에 적합한 감정을 가지려 노력한다. 그는 화해가 더 적합한 상황에서 용서를 구하지 않으며(그 반대의 경우도 마찬가지다), 후회가 요구될 때 죄책감을 느끼지도 않을 것이다. 사실 이 후회와 죄책감의 관계는 용서와 화해의 관계와 관련이 깊다.

사람들은 때때로 후회가 더 적절한 상황에서 죄책감을 느끼곤 한다. 도덕적 딜레마에서 어려운 선택을 하는 경우가 좋은 예가 될 것이다. 누군가 어둠 속에서 뛰쳐나와 당신의 차를 멈춰 세우려 한다고 가정해보자. 당신은 그 사람이 다른 사람들에게 쫓기는 모습을 보고도 그대로 속력을 내 지나쳐버린다. 그를 쫓던 사람들은 범죄자들이었고 결국 그는 살해되었다. 책임감 있는 사람이라면 누구나 그 사고로 괴로움에 사로잡힐 것이다. 그런데 그 생각은 '내가 나빴어. 난 벌을 받아 마땅해'라는 비합리적 형태를 취할지도 모른다. 합리적인 생각은 이렇다. '그 상황을 해결할 다른 방법을 찾을 수 있었더라면 좋았을 텐데.' 이것은 뉘우침이나 죄책감이 아닌 강한 후회에 해당한다.

그런 순간에 불필요한 자책에 빠지지 않고 상황의 끔찍함을 외면하지도 않는 올바른 감정을 찾으려면 감정적 성숙함이 필요하다. 하지만 그처럼 세밀한 감정은 개인이 홀로 찾아낼 수 있는 것이 아니라, 그의 문화적 토대가 감정들의 차이를 선명히 구분해줄 때만 가능하다. 그 토대에서 우리는 죄책감과 후회를 변별할 수 있고, 용서와 화해를 구분할 수 있다. 도로에서 마주쳤던 남자의 가족이 당신을 고소한다고 가정해보자. 당신이 차를 멈추지 않아서 그 사람을 살리지 못했다는 게 그 이유다. 그의 가족은 당신이 자신의 위험을 감수하고라도 당시에 분명히 중대한 위험에 놓여 있던 사람을 구했어야 한다고 생각할 수도 있다. 당신도 그때의 상황을 거듭 떠올리면서 다른 방안이 있었는지를 찾아보지만, 그들의 생각에는 동의하지 않는다. 그의 가족은 당신을 결코 용서하지 않을지도 모른다. 그러나 그들은 당신과 화해할 수는 있다. 그러려면 그 위급한 상황에서 당신이 어떤 생각을 했는지, 그리고 지금은 어떻게 생각하는지를 그들이 이해해야 한다. 당신이 그때 어떻게 했어야 하는지에 대해선 그들과 당신의 의견이 끝까지 다를 수 있지만, 상대방의 사고방식이 인간성의 범위를 벗어나지 않으며 건전한 사회생활과 배치되지 않는다는 점에 대해선 모두가 동의할 수 있다.

어둠 속에서 뛰쳐나온 사람을 돕지 않은 행동은 면밀히 따져볼 때 도덕적 실수였을지 몰라도 악한 행동은 아니었다. 그런데 역설적이게도 수많은 악행자들의 상황은 도덕적 딜레마에 빠져 있는 사람의 경우와 비슷해 보이기도 한다. 말하자면 악행자 역시 악행의 대상 앞에서 꺼림칙한 선택에 직면한 듯이, 자신이 어떤 행동을 하든 강한 후회를 피하지 못하리라는 듯이 느낀다. 그러나 그것은 착각일 뿐이다. 그의 도덕적 판단을 요구하지 않는, 다만 그대로 쫓아가는 것으로 충분한 행동 노선이 그에게도 열려 있기 때문이다. 예를 들어 과거의 남아프리카공화국에서 재소자들을 고문해야 했던 경찰관을 떠올려보자. 고문 행위를 거부한다면 그는 일자리를 잃고, 가족을 부양할 수 없게 되며, 반체제 성향이라는 낙인이 찍힌 채 그나마 다행인 경우에는 직업을 잃는 데 그치겠지만 최악의 경우에는 철창에 갇히는 신세가 될 것이다. 그래서 그는 어려운 시기에 살아남으려면 별수 없다는 생각에 망설임을 이겨내고, 타인을 파괴함으로써 현실적 보상을 얻어내는 끝 모를 길로 접어든다. 그 시대를 돌이켜보는 제3자로서 우리는 그의 행동이 잘못되었다고 생각한다. 그는 마땅히 해야 하는 일에서 명백히 실수를 범했을 뿐만 아니라 그보다 더 심층적인 차원에서도 실수를 저질렀다. 즉 자신이 선택할 수 있는 방법들의 장단점을 제대로 측량할 수 없다고 생각했다는 점이다. 우리가 보기에는, 그리고 그 경찰관도 지금은 그렇게 생각할지 모르겠지만, 옹호될 수 있는 행동은 오직 하나뿐이었다. 그는 결과가 어떻게 나오든 고문을 거부했어야 했다.

이런 경우에는 피해자나 그의 가족들이 "우리라면 다른 선택을 했을 테지만, 어쨌든 당신은 그렇게 선택했군요"라고 말한다고 해서 화해가 이루어지는 것은 아니다. 또는 "우리는 그 선택이 잘못되었다고 생각하지만 당신이 옳은 일을 하려고 노력했다는 점은 인정합니다"라는 말로도 화해를 이룰 수 없다. 그 경찰관은 심각한 잘못에 빠져들어 진짜 악을 저질렀다. 그에게 이런 말들은 너무 약하게 느껴질 것이다. 화해를 위해서라면 피해자와 그의 가족들은 아마도 이렇게 말할 수 있을 것이다. "당신이 어떤 생각을 좇아서 그처럼 악한 자리에 이르게 되었는지 이해합니다. 그 유혹이 얼마나 강한지도 압니다. 당신이 한 일은 용서받을 수 없지만 인간이 그런 끔찍한 일을 할 수도 있다는 점을 우리는 이해합니다."

내가 제시하고 있는 화해는 피해자와 가해자 모두에게 요구하는 것이 있다. 지금까지 살펴본 사례들에서는 '가해자' 측과 '피해자' 측이 명확히 구분되었다. 그런데 때로는 양쪽 모두 가해자가 되기도 하고, 더욱 곤혹스러운 경우 양쪽 모두 자신은 피해자고 상대가 가해자라고 생각하기도 한다. 그런 상황에서는 누가 가해자였는지 의견 일치에 이를 가망이 거의 없을뿐더러, 그 문제를 해결하지 않아도 된다는 동의도 기대하기 어렵다. 그러나 그런 불화 속에서도 그들 각자는 상대방이 도덕적 딜레마와 비슷한 상황에 놓여 있었다는 점을 확인하기도 한다. 상대방이 확실한 도덕적 해결 방법이 없는 난처한 선택에 직면했었다는 점을 공감하게 되는 것이다. 이렇게만 된다면 화해가 가능하다. 상대방의 동기를 좀 더 성실히 이해하려 노력함으로써 '지금까지 지속되는 과거의 효력을 모두 소멸하겠다는 확고한 방침'에 함께 참여할 수 있다면, 화해는 불가능한 것이 아니다.

분노와 증오에서 벗어나기 위하여

나는 둘 이상의 개인 또는 집단이 부분적이나마 삶을 공유해갈 필요가 있다는 측면에서 화해 문제를 다뤄왔다. 그러나 내가 들어온 예시들에서도 한쪽은 가해자, 다른 쪽은 피해자라는 비대칭적 상황이 자주 있었다. 어떤 태도를 취해야 할지에 대해서도 매우 어려운 질문들이 제기된다. 자기 자신 또는 자신이 사랑하는 사람에게 끔찍한 행동을 저지른 사람에게 어떤 감정을 갖는 것이 합리적인가? 자신이 다른 사람에게 저지른 행동의 심각함을 깨달았을 때는 어떤 감정을 느껴야 하는가? 이에 대한 나의 의견은 잠정적이고 시험적인 성격을 띤다.

사람들은 끔찍한 행동을 저지른 사람에게는 분노와 증오로 대응한다. 그리고 만약 자기 자신이 끔찍한 행동을 했다면 자기혐오로 대응한다고 자연스럽게 답할 것이다. 이러한 태도는 더 작은 공격에 대한 태도가 확장된 것이다. 누군가 당신을 폭행하고 당신의 소중한 물건을 고의로 부술 때, 분노로 대응하는 것은 쉬울 뿐만 아니라 실용적이다. 분노를 통해 당신은 자신을 방어하고, 상대방이 공격을 반복하지 않게끔 위협한다. 상처가 클수록 분노가 크다는 것도 어느 정도 이치에 맞는다. 그러나 언제까지나 타당하지는 않다. 살인 행위에 대한 분노는 살인자를 죽이는 것으로 확연히 표출된다. 그러나 목숨은 오직 한 번만 뺏을 수 있으므로 집단 살인이나 유난히 잔혹한 살인 행위에 대해서는 그에 비례하는 대응 방식을 찾을 수 없다. 전통적인 한 가지 방식은 살인자뿐만 아니라 그의 가족까지 죽이거나, 아니면 특별히 소름 끼치는 방식으로 살인자를 죽이는 것이다. 하지만 그 대가는 너무 크다. 자신의 자존감을 지키면서 그러한 행동을 할 수는 없다. 이처럼 극단적인 경우에는 적정한 수위로 분노를 느끼는 일이 가능하지 않으며, 분노가 오히려 자기 자신을 해치게 된다.

더군다나 분노는 한순간의 반응이다. 분노는 일정 기간 유지할 수 있는 태도로 전환되기 어렵다. 혹시라도 순간적이고 격렬한 감정인 분노가 증오라는 장기간의 태도로 변화되면 그때부터는 정신을 갉아먹기 시작한다. 특히 증오는 과거를 봉쇄하고 정확히 무슨 일이 일어났는지 기억하지 못하게 막아버리는 경향이 있다. 사실상 증오는 독단으로 치닫기 쉬운데, 사실의 조각들을 수렴해 실제로 일어난 일과 이유를 종합하기보다는 한 가지 고정된 의견만 강화하려는 경향이 있기 때문이다. 증오에 빠지면, 증오하는 대상이 누군지를 확실히 안다고 믿는다. 그리고 증오가 생겨난 책임도 그 대상에게 전가된다. 이 책임 전가는 증오의 원리다.

이 지점에서 우리는 진실이라는 개념과 마주하게 된다. 피해자는 자신이 증언할 수 있기를, 그리고 그 증언이 단지 기소 내용을 뒷받침하는 역할이 아니라 사건의 진상을 밝히는 노력의 일부로 받아들여지길 바란다. 프리모 레비는 수용소 수감자들이 공통적으로 꾸던 악몽을 이야기한 적이 있다. 꿈속에서 수감자들은 마침내 수용소에서 빠져나왔지만 "수감 생활 이야기를 하는데 아무도 들어주지 않는다." 최후의 심판이라는 기독교적 관념은 어느 정도는 이런 이유에서, 즉 결국에는 모든 사람의 이야기가 전해지리라는 점에서 매력을 발휘하는 것 같다. 우리가 화해하지 못한 과거에 대해 진실을 추구하는 한 가지 이유는 견딜 수 없을 만큼 과도한 분노에서 벗어나기 위해서라고 나는 확신한다. 1962년 솔제니친의 『이반 데니소비치의 하루』가 『노비미

르』에 발표되었을 때, 소비에트 전역에 나타난 거대한 안도감이 의미하는 바도 그와 같다. 마침내 누군가가 말한 것이다. 우리가 과거의 진실에서 찾고 있는 한 가지는 그 자체로 화해의 범주에 속한다. 그것은 바로 다른 사람, 때로는 우리 자신이 어떻게 그런 일을 할 수 있었는지를 직관적으로 이해하는 것이다.

그런데 여기에는 실제적 측면과 감정적 측면이 긴밀하게 얽혀 있다. 우리는 때로 용서할 수 없는 사람을 상대해야 한다. 그런 경우 우리는 그의 동기 가운데 잘못의 원인이 된 부분과 전혀 변하지 않을 부분을 먼저 분리해낸 뒤, 그 밖의 나머지 부분에서 교류의 여지를 찾아야 한다. 예를 들어 전 남편에게 학대받던 여성은 그의 분노 기질을 마음에 새겨두는 한편, 자녀에 대한 그의 사랑을 그것과 분리해내야 한다. 이 부분을 통해 그녀는 전 남편과 협의할 수 있을 것이다. 서로 마주할 일이 없는 상황일지라도 머릿속에 남아 있는 상대방의 위협적이고 불안한 기운을 쫓아버리려면 그 같은 분리가 필요하다. 그렇게 하지 않을 때 우리는 우리 자신의 분노에 먹혀버리거나, 아니면 분노를 참으려는 노력 때문에 과거를 빼앗긴다.

하지만 이 방법이 완전히 성공하는 경우는 없다. 정신이 멀쩡한 사람이라면 자신 또는 다른 사람이 저지른 끔찍한 행동과 결코 완전한 화해를 이루지 못한다. 어떤 개인도 혼자서는 그런 수단을 만들어내지 못한다. 그것은 문화의 역할이다. 하나의 문화 전체가 그 구성원에게 제공할 감정적 수단들을 찾아내야 한다. 나는 이 작업에서 심리철학이 일정한 역할을 담당하리라 기대한다.

악에 저항하는 제도?

잔혹 행위가 발생하더라도 우리는 그 충격을 이겨내고 삶을 지속해가야 한다. 그리고 앞으로 일어날지도 모르는 끔찍한 행위에 연루되지 않게끔 확실히 대비해야 한다. 이 책의 주제 중 하나는 민주주의와 종교 같은 대체로 온건한 제도가 악을 용이하게 할 수 있는 가능성이었다. 자기 가치관이 확고하고 현재 속해 있는 사회의 토대가 건전하다고 해서 자신이 거대한 악에 가담할 일은 결코 없으리라고 자만해서는 안 된다. 20세기 초반의 독일인들 역시 자신들이 지구에서 가장 문명화되고 품위 있는 국민이라 자부할 만한 많은 근거를 갖고 있었다. 끔찍한 일로 이어질 수 있는 아주 작은 가능성에도 경각심을 가져야 한다. 그렇게 과거의 공포를 돌이켜보고 미래를 염려하면서, 인간이 품고 있는 악의 가능성에 대해 우리 사회는 어떻게 대비해야 하는지 자문해볼 수 있다.

과거의 악을 청산하려는 제도와 미래의 악에 대비하기 위한 제도는 상당히 유사해 보인다. 다소 급진적인 제안을 검토해보자. 현재 우리는 형법과 민법으로 범죄를 다루고 있다. 형법은 형벌을 부과함으로써 범죄의 재발을 막고, 위험한 인물을 격리하며, 피해자에게는 그의 고통에 대해 적절한 조치가 취해졌음을 알려준다. 민법은 잘못된 권리관계, 특히 재산 관계의 잘못을 교정함으로써 불법적 행위의 결과를 무효화하고, 개인과 기업의 활동 방식 변경을 명령하며, 재산 이외의 손해인 비재산상 손해에 대해서도 일정 정도 보상이 이루어지도록 한다. 민법이 영향을 미치는 영역은 형법에 비해 광범위하다. 예컨대 의료 과실로 사망한 아이의 부모가 병원을 상대로 손해배상 청구 소송을 제기했다고 가정해보자. 피고 측 변호인이 지독한 냉혈한에다 변론에 서툰 경우에나 언급할 만한 부분이지만, 사실 이 비극적 사고는 아이의 양육비와 교육비를 절약하게 해주었다. 그러나 아이의 부모가 소송을 제기한 목적은 자신들의 고통을 완화하는 한 방편으로서 병원에 재정적 처벌을 가하고, 병원이 최대한 숨기려한 사고의 진상을 밝히는 데 있다. 그렇지만 민사소송의 주 기능은 재산상 손해를 보상하는 것이므로 그 두 가지 목적에 잘 부합하지는 않는다. 소송을 진행한다고 해도 부모가 감정을 추스르는데 큰 도움이 되지는 않을 것이다. 한편 병원 측에서 관련 사실들을 가감 없이 공개할 경우 합의에 더 큰 비용이 지출되리라는 것을 알고 있다면, 부모의 진상 규명 요구에 비협조적으로 나올 가능성이 더 크다. 이러한 상황은 다른 종류의 제도를 필요로 한다.

　　잔혹한 범죄가 저질러질 때마다 피해자가 진상 조사를 위한 특별 법정을 요구할 수 있다고 가정해보자. 이러한 진상 조사를 요구할 권리는 죽음, 극심한 고통, 강간 등의 명백한 잔혹 행위에 한정된다. 법정의 기능은 처벌을 가하거나 배상을 제기하는 것이 아니라, 사실을 밝히는 데 있다. 강간 피해자는 법적으로 용인되는 범위에서 가해자의 사회 활동 전반을 밝혀낼 수 있다. 의료 과실로 사망한 아이의 부모는 병원의 의료 관행, 동료의 과실을 은폐한 의사들의 공모 행위 등을 폭로할 수 있다. 살인 피해자의 가족은 살인자의 실제 행위뿐만 아니라 동기까지 조사할 수 있고, 살인과 관련된 다른 범죄행위들을 공개할 수 있으며, 살인자 가족과 서로의 이해를 도모할 수 있다. 이 특별 법정은 증인을 소환할 수 있고, 거짓 증언은 위증죄로 처벌된다. 그러나 그 법정의 목표는 우리가 아는 형사사건이나 민사사건과 완전히 다르다. 법정에 참석한 피해자는 범죄자에게 어떤 처벌도 가해지지 않는다는 점을, 그리고 어떤 금전적 보상도 사랑하는 사람을 되살리거나 고통을 완화해주지 않는다는 점을 받아들여야 한다. 그들은 사실을 규명하고 이해하는 데서 다시금 고통에 집중해야 할 것이다.

이 같은 제도는 왜 잔혹 행위가 일어나는지를 묻는다. 그 역할은 불편한 질문을 제기하고, 감정이 표출되고 순화될 수 있는 공간을 제공하는 것이다. 또한 그것은 우리가 과거에 대해 가질 수 있는 다양한 태도들을 분리함으로써 감정의 실체를 더 선명하게 드러내는 훈련, 그리고 이 장에서 다뤘듯이 악한 동기를 상상하는 방법을 적용해보는 훈련이 될 것이다. 무엇보다 그 제도가 진가를 발휘하는 상황은 서로에게 해를 끼치고서 상대방에게 책임을 전가하는 경우다. 그들은 서로 이렇게 생각한다. 자신은 해로운 행동을 막는 장벽을 넘을 수밖에 없는 딜레마에 빠져 있었지만, 상대방은 절대 위반해서는 안 될 장벽을 교묘히 피해갔다는 것이다. 그러고는 이렇게 생각한다. '난 유감스럽게 여기지만 죄의식을 느끼지는 않아. 하지만 그 사람은 당연히 죄의식을 느껴야 해.' 이런 때야말로 화해가 필요하다. 화해를 위한 제도와 그 제도의 의미를 올바르게 볼 수 있는 문화가 필요한 것이다. 이 문화는 그 구성원들이 자신의 결백한 동기와 다른 사람들의 잘 못된 동기를 나란히 비교할 수 있고, 다른 사람의 눈에는 자신의 동기가 잘못된 것으로 보일 수도 있다는 점을 이해할 수 있어야 한다.

바로 이 지점에서 과거의 반성과 미래에 대한 대비가 맞 물린다. 여기서부터 우리는 하나의 사회를 그려볼 수 있다. 우 리가 가질 수 있는 감정들 — 이를테면 회한, 비난, 화해의 집합 들 — 과 직관적 심리로 파악한 정상적 행동과 악한 행동 사이의 연속성을 결합할 수 있는 사회, 그리하여 과거의 악을 직시하고 미래의 악을 미리 감지할 수 있는 더 많은 수단들을 제공하는 사 회. 거기서 우리는 악을 더 예민하게 탐지하고 우리의 삶으로 악 이 침투하지 못하도록 더 강하게 저항할 준비를 갖추게 될 것이 다. 완벽한 준비는 끝내 불가능하겠지만 악이라는 삶의 근본적 측면을 이해하는 우리의 역량은 더욱 성숙해질 것이다.

주

서론

피해자들의 도덕적 힘과 가해자들의 의무 사이의 관계는 클라우디아 카드의『잔혹성 패러다임』8장과 9장에서 전개된다.

이 장의 대략적 내용은 존 케케스John Kekes의『악 대면하기』Facing Evil(Princeton, NJ: Princeton University Press, 1990)와 대조된다. 케케스와 나는 악이 잘못과 다르다는 인식이 한 사람의 도덕적 태도에 깊은 영향을 준다는 점에 동의하지만, 케케스는 다분히 응징적인 태도를 옹호하는 편이다. 그는 어떤 종류의 악은 보통의 잘못과 아주 다른 까닭에 응징 요구를 결코 만족시킬 수 없다는 점을 간과하는 것 같다.

직관적 이해

나는『이해되는 것의 중요성: 윤리학으로서의 통속 심리학』에서 다른 사람을 직관적으로 이해하는 능력과 공통된 행동 공유 능력을 연결 지으려 했다. 내가 보기에 직관적 이해 능력의 기본 기술이란 몇몇 사람들이 어떤 일을 함께할 때, 그 행동과 그에 수반되는 감정을 상상하는 것이다. 그러나 이 장의 논의가 그에 대한 동의를 전제로 하지는 않는다. 내 논의의 대부분은 정반대의 이론, 즉 타인의 행동은 합리적 행동에 대한 일반 이론에서 연역적 추론을 통해 이해될 수 있다는 이론에서도 통용될 수 있다. 직관적 이해에 대한 철학 토론과 관련해서는 이전 장의 '소설과 영화 속의 연쇄살인범'의 주석에서 언급된 연구를 참고하라.

수많은 적군의 죽음을 초래할 군사전략을 채택한 장군의 사례는 1차 걸프전이 끝나갈 무렵, 콜린 파월 장군이 그랬던 것처럼 군사행동을 취하지 않는다는 것이 어떤 의미인지를 성찰한 끝에 나온 이야기다. 로널드 마일로Ronald Milo의 『비도덕성』Immorality(Princeton University Press)은 1984년에 출간되었다.

'나'와 '타인'의 악을 상상하기

인용문 출처는 아렌트의 『예루살렘의 아이히만』 105~106쪽이다.

선망에서 파생된 행동은 결정 이론가들이 '만족화'라고 부르는 것을 특별한 사례로 만든다. 만족화는 배경지식을 동원해 일정한 기준을 설정한 다음 그 기준을 넘어서는 것이면 무엇이든 기꺼이 선택하는 행위이다. 가능한 모든 선택지들 중에서 숙고할 만한 몇 가지를 걸러내는 것이 만족화인데 인간은 그가 직면한 문제에 비해 유한한 존재인 까닭에 어쩔 수 없이 만족화를 택하게 된다.

『이해되는 것의 중요성』의 4장 '도덕적 진보'Moral progress에서 나는 악한 행동을 상상할 수 있는 방법을 기술했다. 그 책의 목표가 우리의 행동에 대해 생각할 수 있는 확연히 다른 방법을 기술하는 데 있었다면, 이 책의 목표는 우리의 상상력을 조금 유용하게 수정하는 방법을 기술하는 것이다.

나는 본문에서 제시한 사례들이 설명하고 있거나 생략하고 있는 내용에 대해 다소간 말을 얼버무렸다. 설명은 항상 부분적이지만, 우리는 사례 속 인물이 왜 다른 대안들을 놔두고 특정한 행동을 하게 됐는지 이해한다. 일반적으로 우리는 그 사람이 어떤 전략으로 해로운 행동을 금지하는 장벽을 넘어서는지 전략을 얼마간 이해하지만, 그 전략이 어디에서 왔는지 또는 왜 지속되는지는 이해하지 못한다.

진실을 규명하기, 복수의 악순환을 끊기

남아프리카공화국의 진실화해위원회에 대한 정보는 데즈먼드 투투Des-mond Mpilo Tutu의 『용서 없이 미래 없다』No Future without Forgiveness(New

•   데즈먼드 투투, 『용서 없이 미래 없다』, 홍종락 옮김, 홍성사, 2009.

York: Doubleday, 1999)●, 카더 아스말Kader Asmal의 『진실을 통한 화해』Reconciliation through Truth(New York: St Martin's Press, 1997), 데버러 포즐Deborah Posel과 그레임 심슨Graeme Simpson의 『과거를 의뢰하기: 남아프리카 공화국의 진실화해위원회 이해하기』Commissioning the Past: Understanding South Africa's Truth and Reconciliation Commission(Johannesburg: Witwatersrand University Press, 2002)에서 볼 수 있다. 『과거를 의뢰하기』에 수록된 글들은 '위원회는 어떤 종류의 진실을 목표로 했는가?'라는 질문을 제기하는 데 매우 유용하다. 복잡한 사회적 사건의 원인에 대한 역사적 진실이 진실화해위원회 같은 기구를 통해 밝혀질 것 같지는 않다. 고위 정부 관료들이 부재한 가운데 픽 보타Pik Botha의 위원회 참여는 예외적인 경우였다. 위원회가 제공하는 보상에 대해 고문자들이 어떤 행동을 취했을 때 뉘우침을 보여준다고 간주할 수 있는지는 전혀 명확하지 않으며, 거기에는 불투명함이 있는 것 같다. 위원회의 실제적 임무는 화해를 이루어내는 것이었지만, 대주교 투투의 책 제목이 암시하듯이 피해자의 용서를 구한다는, 아마도 가망 없는 목표도 활동에 영향을 미쳤다. 이와 유사한 성격의 위원회에 대한 정보는 http://www.hrcr.org에서 볼 수 있다.

고대 아테네의 선례는 존 앳킨슨John Atkinson의 「아테네식 진실과 화해」Truth and reconciliation the Athenian way(*Acta Classica*, 42, 1995, pp. 5~13), 니콜 로로 Nicole Loraux의 『분할된 도시』The Divided City(New York: Zone Books, 2002)에서 다뤄졌다.

화해를 위한 살인피해자 가족모임의 웹사이트는 www.mvfr.org이다.

화해는 가능한가

일상생활에서 우리는 분노의 감정으로부터 '나아가기'에 대해 이야기한다. 나는 이 '나아가기'라는 개념을 철학적으로 이해한 로빈 메이 쇼트Robin May Schott의 초고 논문에서 영향을 받았다. 그 논문은 클라우디아 카드에 관한 다른 논문들과 『히파티아』Hypatia(19.4, 2004)에 함께 게재될 예정이다.

수치·회한·죄책감이라는 감정 사이의 연관 관계에 대해서는 관련 문헌이 많이 있다. 그중에서 가브리엘 테일러Gabriele Taylor의 『자부심, 수치, 그리고 죄책감: 자기 평가의 감정』Pride, Shame, and Guilt: emotions of self-assessment(Oxford: Oxford University Press, 1985), 퍼트리샤 그린스팬Patricia Greenspan의 『실제적 죄책감: 도덕적 딜레마, 감정과 사회적 규범』Practical Guilt: moral dilemmas, emotions, and social norms(New York: Oxford University Press, 1995)을 참고하라. 이런저런 어군들에서 사용되는 단어들은 대개 동시적으로 다수의 차이들을 드러내며, 따라서 내가 강조하고 있는 차이가 유일한 것은 아니다. 일상의 설명적이고 도덕적인 담론이 작은 어군들에 속한 단어들 간의 동시 대비 효과를 통해 다양한 심리 상태들의 미세한 차이를 풍성하게 드러내주는 방식에 대해서는 더 논의할 거리가 많다.

인용문은 데버러 포즐과 그레임 심슨의 『과거를 의뢰하기』에 실린 만델라의 서문이다.

분노와 증오에서 벗어나기 위하여

프리모 레비가 언급하는 수감자들의 이야기는 『기억의 목소리』The Voice of Memory 106쪽에 실려 있다. 레비는 『이것이 인간인가』의 주제를 환기하고 있다.

악에 저항하는 제도?

내가 상상하는 '법원'은 형사 법원이나 민사 법원보다는 검시 법원에 더 가까울 것이다. 그 법원은 대립적 절차보다는 유럽식으로 주재하는 판사를 중심으로 할 때 더 잘 조직될 것이다. 영국 내무장관은 내 제안과 몇몇 유사점이 있는 '회복적 정의'에 기초한 법정을 고려하고 있다.

흔히 대규모의 악에서(그리고 작은 악을 저지른 악행자들의 자기 정당화
에서) 과장된 수사와 모호한 교리가 일정한 역할을 한다는 점을 고려해 나
는 이 책을 풍자와 불경의 필요성을 설파하면서 끝맺으려 했다. 몬티 파이
튼°이 나서는 것이다. 그러나 많은 독자들이 이를 잘 받아들일 것 같지 않
았다. 불경스러움은 그에 합당한 존중을 받지 못하는 법이다.

•   영국의 코미디 그룹으로 여섯 명이 창작과 연기를 병행했다. BBC TV
쇼 〈몬티 파이튼의 비행 서커스〉와 영화 〈몬티 파이튼과 성배〉, 〈라이
프 오브 브라이언〉, 〈몬티 파이튼: 삶의 의미〉가 있다.

227

악을 이해하는 일, 악을 상상하는 일

지난해 4월 봄날, 제주도로 향하던 여객선이 침몰했다. 기울어진 배가 서서히 침몰하는 모습이 실시간으로 방송되는 가운데 배 안에 있던 300명이 넘는 사람들은 끝내 살아나오지 못했다. '가만히 있으라'는 선내 안내방송에 수많은 승객이 배를 탈출할 시도조차 하지 못했다는 사실이 나중에야 알려졌다. 이윤에 눈이 먼 선박업체, 승객들을 내버려둔 채 배를 탈출한 선장과 승무원들, 선실에 남겨진 승객들을 단 한 명도 구조하지 못한 해경. 그리고 재난의 충격이 조금씩 잦아들기 시작하자 목숨값을 흥정한다면서 유가족을 모욕하는 이 땅의 사람들. 그 참담함을 대하는 방식은 제각기 달랐겠지만, 모두가 똑같은 물음을 가졌을 것이다. 어째서 그런 일이 벌어졌을까. 과연 누구의 잘못인가.

이 사건의 책임을 몇몇 개인에게 떠넘길 수는 없으며, 그래서도 안 될 일이지만 우선적으로 중하게 책임을 물어야 할 사람이 있다면 바로 여객선의 선장일 것이다. 그는 살인죄로 기소되어 올해 4월 2심 재판부에서 무기징역을 선고받았다. 판결문은 그가 "어떤 명분으로도 용서받기 어려운" 죄를 저질렀기 때문에 "우리 사회와 영원히 격리시키기로 했다"고 밝혔다. 이처럼 엄중한 처벌은 비탄과 분노에 빠졌던 여러 사람에게 조금이나마 위안이 될 수 있을지 모른다. 하지만 그 누구도 이로써 문제가 해결되었다고 말할 수는 없을 것이다. 그리고 사건의 충격과 슬픔, 그에 대한 사회적 대응책과는 다른 차원에서 우리의 마음을 불편하게 만드는 요소가 있다.

그 불편함은 '영원히 사회로부터 격리'되어야 할 그 사람이 미치광이 살인마가 아니라는 사실에서 비롯한다. 사건이 일어나기 전에도 그를 우리와 다른 사람으로, 그런 끔찍한 일을 저지를 사람으로 구별해낼 수 있었을까? 사건 당일 더없이 무책임하고 비도덕적이었던 그의 행위를 잠시 잊고 보더라도, 그가 우리와 다른 종류의 사람이라고 말할 수 있을까? 이 질문들은 어느 개인을 변호하려거나 용서하려는 것이 아니다. 그보다는 어떤 종류의 끔찍한 악과 악행은 우리의 평범한 일상세계에서 자라나며, 문제 삼지 않았던 관행과 습관, 특정한 행동원리의 연장선상에서 발생한다는 점을 확인하고자 함이다. 하지만 안타깝게도 우리는 비참한 결과가 발생한 후에야 뒤늦게 악을 알아차리는 경우가 많다.

이 책의 저자 애덤 모턴은 악의 다양한 양상을 검토하면서 '악의 이론'을 정립하고자 한다. 이를 위한 가장 기초적인 작업은 동시에 가장 어려운 작업이기도 한데, 바로 악을 이해하는 일이다. 무엇보다도 악을 이해 가능성의 바깥에 있는, 극히 예외적인 사태로만 간주하지 않는 것이 중요하다. 악의 모든 형태가 설명될 수 있는 것은 아니지만, 적어도 우리의 내부, 우리의 '정상적' 생활 속에 뿌리를 둔 악에 대해서만큼은 최대한 합리적으로 설명하고 이해하려는 노력을 포기해서는 안 된다. 우리가 이해하는 만큼만 과거의 악을 바로잡고 미래의 악에 대비할 수 있기 때문이다.

저자가 악을 이해하기 위해 기대고 있는 프리모 레비, 한나 아렌트, 지타 세레니의 작품에서는 끔찍한 짓을 저지른 사람들이 괴물이 아니라 우리와 같은 사람이었다고 공통적으로 증언한다. 그러나 대부분의 사람들은 악을 이해하려는 행위 자체가 악에 가까워지는 것이라고 여기면서 자신이 악을 행할 수 있는 가능성을 상상하려 하지 않으며, 다른 사람의 악의 동기를 상상하는 것 또한 꺼린다. 저자의 관점에 따르면 대부분의 사람은 누구나 타인에게 고통을 가하지 못하게 막는 내적 장벽을 가지고 있는데, 이 내적 장벽을 처음부터 가지고 있지 않은 소시오패스나 이 장벽을 넘어서는 법을 학습한 사람, 문화적으로나 개인적으로 장벽을 넘어서게 하는 신념을 형성한 사람이 악행을 저지르게 된다. 따라서 악을 이해한다는 것은 곧 그 행위자가 그들 내부의 장벽을 어떻게 넘어서는지를 파악하는 일이라 할 수 있다.

저자는 잔혹한 행동을 악이라고 단정하고 비난하는 데 그칠 것이 아니라, 그 행동을 이해하고 그에 대한 올바른 대처 방법을 찾는 것이 필요하다고 지적한다. 끔찍한 행동으로 피해를 입은 경우에는 분노와 증오가 즉각적이고 자연스러운 반응일 것이다. 하지만 이러한 감정은 오히려 피해자 자신을 해치기 쉬우며, 기억되어야 할 사실의 본래 모습을 왜곡할 수도 있다. 남아프리카 공화국 진실화해위원회의 사례가 보여주듯이 악행에 대해서는 보복이나 단죄에 앞서 무엇보다도 진실의 추구가 우선해야 한다. 그 과정은 악행에 차분히 귀를 기울이는 힘겨운 과정을 요구한다. 고통스럽더라도 이러한 과정을 통해 진실을 추구할 경우에 악의 실체를 밝혀내고, 미래의 새로운 가능성이 열릴 수 있다. 어떤 개인과 사회도 전적으로 악과 무관할 수는 없다. 과거의 악을 직시하고 철저히 이해하고 기억하면서, 악의 징후에 민감해지지 않는다면 다시금 또 다른 끔찍한 악을 경험한 후에 비통해해야 할지도 모른다.

2015년 7월
변진경

찾아보기

ㄱ

가부장제 154

가학증 193, 194

간디, 마하트마 153~155

감성 지능 54, 64

감정 53~55

강간 13, 18, 30, 31, 128

강간범 17, 37, 82, 123, 189

강제수용소 138, 140, 217

고문 30

고문자 109, 123, 171, 201, 213, 214

고통 96, 102

공격성 78~80

공포 80~82

과실 24, 25, 197, 198

권력 169

구로사와 아키라 52

9·11 테러 113~115, 148, 149

국제 테러리즘 148, 149

〈그리프터스〉 89

'근본적 귀인 오류' 19

기독교 46, 47

기계 43, 44

기아 구호 24, 28

기만 32, 103

ㄴ

나가사키 32

나치 207

남아프리카공화국 199, 200

놀이 183, 184

뉘른베르크 재판 205

니체, 프리드리히 16, 53

니콜스, 숀 92, 93

ㄷ

다머, 제프리 124

도덕적 관점의 변화 23

도덕적 딜레마 152, 153, 212, 213, 215

도덕적 판단 23, 69

도스토옙스키, 표도르 109

도일, 코난 159

도착적 사악함 185, 186

ㄹ

〈란〉亂 52

랑, 프리츠 157

레비, 프리모 140, 217

렌들, 루스 159

로레, 페터 157

로지, 조지프 157

르완다 13, 142

리프킨, 조엘 128

ㅁ

마니교의 세계관 46

마일로, 로널드 185~188

만델라, 넬슨 153, 154, 209, 210

〈매트릭스〉 43

모욕 30, 31, 84, 98, 103

미국 13, 15, 137

미국정신의학회 86

민법 219, 220

민주주의 137, 142~145, 150, 202, 219

밀로셰비치, 슬로보단 32~36

ㅂ

바하이교 141

반사회적 인격 장애 86~93,

101, 102, 111, 129, 131, 132, 164~166, 187, 188

백인 우월주의 운동 147

뱀파이어 46, 47, 50, 111

〈뱀파이어 해결사〉 43

버마 134

버지스, 앤서니 79

번디, 테드 123, 125

벌거, 제임스 135

벨, 메리 132

보복 135, 136, 179

보스니아 33

부시, 조지 W. 14

북아일랜드 147, 151, 205

분노 179, 215~217

불륜 30, 209

블레어, 로버트 78, 87, 92

〈블레이드 러너〉 109

비난 41, 133~136, 144

비밀경찰 123

비조, 프랑수아 170, 171

비폭력 저항 153~156

ㅅ

사면 200~203

사이코패스 20, 85, 91, 111

사탄 46
살인 피해자 가족 206, 221
사회적 규범 86
상상력 182~185, 188~199, 221
선호적 사악함 186
성적 억압 51
성적 학대 126
세레니, 지타 132, 140
셰이, 조녀선 72~74
소년병 134
소시오패스 85~93, 100, 101, 113,
　118, 129, 131, 132, 164~166,
　187
소아성애자 100, 157
솔제니친, 알렉산드르 217
수치심 211
〈쉰들러 리스트〉 158
〈스타워즈〉 50, 113
스탈린, 이오시프 13, 57, 136
스탕글, 프란츠 140
『시계태엽 오렌지』 79
시프먼, 해럴드 124
『신국론』 45
실종자진상조사
　국가위원회(아르헨티나) 203
십자군 136

ㅇ

아나키즘 147
아렌트, 한나 22, 101, 123,
　138~140, 145, 191, 208
아리스토텔레스 96
아우구스티누스 45, 46
아우슈비츠 140
아이히만, 아돌프 93, 138~140
IRA 147
아타, 모하메드 114
아파르트헤이트 199, 200, 209
악마 42, 44~47
악의 장벽 이론 19, 69, 74, 93~101,
　105, 110, 111
'악의 축' 14
악의 평범성 22, 123, 139, 145
애국자 22, 169
M(영화) 157
연쇄살인범 20, 21, 37, 56,
　123~130, 159~168
예수 31
외상 후 스트레스 장애 72, 73
용기 96, 105
용서 179, 207~210, 212
〈위험한 관계〉 49
원자폭탄 32, 103

유럽인권재판소 135
유혹 49~53, 101, 141
이데올로기 111, 136, 138, 189
이란 15, 141
이스라엘 137, 147, 207
이슬람교 114, 141
ETA 147
인종주의 185
'인종 청소' 33

ㅈ

자기기만 98, 99, 105
자기 이미지 82~85, 189~191
자유 47, 52
자존감 40, 41, 82~85, 190, 192, 193
자폐증 91
잔혹 행위 13, 29, 135~146, 153, 168, 179, 180, 205, 219~221
잘못 / 잘못된 행위 16, 17, 24~32, 36, 37, 103, 104, 188, 189
잭 더 리퍼 159
전체주의 국가 137
전범 22
정신이상 130~136
『정신장애 진단 및 통계 편람』 86

제2차 세계대전 14, 146, 205
종교 136, 140, 219
죄책감 211, 212
증오 216, 217
직관적 이해 42, 69, 181~188
진실화해위원회
　　(남아프리카공화국) 180,
　　　200~202, 204, 205, 209, 210
질투 194, 195
집단 학살 18, 142

ㅊ

참회 207
『책 읽어주는 남자』 38, 39
챈들러, 레이먼드 159
'충격과 공포' 전술 146

ㅋ

카드, 클라우디아 179, 180
칸트, 임마누엘 16, 93, 139
캄보디아 13, 141
코소보 33
크메르루주 170, 171
킹, 마틴 루터 154

ㅌ

타밀 타이거즈 147

탐정소설 159~164

〈터미네이터〉 43

테러리스트 21, 123, 144~156,
167~169

〈토끼 울타리〉 27

투리엘, 엘리엇 76, 77, 92

트레블링카 수용소 140

트루먼, 해리 S. 32~36

ㅍ

파시즘 140

팔레스타인 147, 148, 151

편집증 18, 21, 149

폭력적 상태 70, 74

포르노그래피 130

폭력 억제 기제 78~80, 92

폭력화 65~72, 111

폴 포트 17, 142

〈피가로의 결혼〉 209

ㅎ

하마스 147

한니발 렉터 소설 161~165, 167

해리스, 토머스 161

허구 156~167

형법 219, 220

홀로코스트 13, 22, 137, 139, 157,
158, 207

화해 119~218, 222

화해를 위한 살인피해자 가족모임
(MVFR) 206

회한 211, 212

후세인, 사담 57

휴먼 라이츠 워치 134

히로시마 32

히틀러, 아돌프 17, 57, 136